心一堂術數古籍珍本叢刊

書名：《八風考略》《九宮撰略》《九宮考辨》合刊
系列：心一堂術數古籍珍本叢刊　理數類　第二輯　239
作者：沈瓞民撰
主編、責任編輯：陳劍聰
心一堂術數古籍珍本叢刊編校小組：陳劍聰　素聞　梁松盛　鄒偉才　虛白盧主

出版：心一堂有限公司
通訊地址：香港九龍旺角彌敦道六一〇號荷李活商業中心十八樓〇五—〇六室
深港讀者服務中心：中國深圳市羅湖區立新路六號羅湖商業大廈負一層〇〇八室
電話號碼：(852)67150840
網址：publish.sunyata.cc
電郵：sunyatabook@gmail.com
網店：http://book.sunyata.cc
淘寶店地址：https://shop210782774.taobao.com
微店地址：https://weidian.com/s/1212826297
臉書：https://www.facebook.com/sunyatabook
讀者論壇：http://bbs.sunyata.cc/

版次：二零一七年七月初版
平裝

定價：港幣　一百八十元正
　　　新台幣　六百九十八元正

國際書號：ISBN 978-988-8317-59-2

香港發行：香港聯合書刊物流有限公司
地址：香港新界大埔汀麗路36號中華商務印刷大厦3樓
電話號碼：(852)2150-2100
傳真號碼：(852)2407-3062
電郵：info@suplogistics.com.hk

台灣發行：秀威資訊科技股份有限公司
地址：台灣台北市內湖區瑞光路七十六巷六十五號一樓
電話號碼：+886-2-2796-3638
傳真號碼：+886-2-2796-1377
網絡書店：www.bodbooks.com.tw
台灣國家書店讀者服務中心：
地址：台灣台北市中山區松江路二〇九號一樓
電話號碼：+886-2-2518-0207
傳真號碼：+886-2-2518-0778
網絡書店：http://www.govbooks.com.tw

中國大陸發行　零售：深圳心一堂文化傳播有限公司
深圳地址：深圳市羅湖區立新路六號羅湖商業大厦負一層〇〇八室
電話號碼：(86)0755-82224934

心一堂微店二維碼

心一堂淘寶店二維碼

心一堂術數古籍 珍本 整理 叢刊 總序

術數定義

術數，大概可謂以「推算（推演）、預測人（個人、群體、國家等）、事、物、自然現象、時間、空間方位等規律及氣數，並或通過種種『方術』，從而達致趨吉避凶或某種特定目的」之知識體系和方法。

術數類別

我國術數的內容類別，歷代不盡相同，例如《漢書・藝文志》中載，漢代術數有六類：天文、曆譜、五行、蓍龜、雜占、形法。至清代《四庫全書》，術數類則有：數學、占候、相宅相墓、占卜、命書、相書、陰陽五行、雜技術等，其他如《後漢書・方術部》、《藝文類聚・方術部》、《太平御覽・方術部》等，對於術數的分類，皆有差異。古代多把天文、曆譜、及部分數學均歸入術數類，而民間流行亦視傳統醫學作為術數的一環；此外，有些術數與宗教中的方術亦往往難以分開。現代民間則常將各種術數歸納為五大類別：命、卜、相、醫、山，通稱「五術」。

本叢刊在《四庫全書》的分類基礎上，將術數分為九大類別：占筮、星命、相術、堪輿、選擇、三式、讖諱、理數（陰陽五行）、雜術（其他）。而未收天文、曆譜、算術、宗教方術、醫學。

術數思想與發展——從術到學，乃至合道

我國術數是由上古的占星、卜筮、形法等術發展下來的。其中卜筮之術，是歷經夏商周三代而通過「龜卜、蓍筮」得出卜（筮）辭的一種預測（吉凶成敗）術，之後歸納並結集成書，此即現傳之《易

經》。經過春秋戰國至秦漢之際，受到當時諸子百家的影響、儒家的推崇，遂有《易傳》等的出現，原本是卜筮術書的《易經》，被提升及解讀成有包涵「天地之道（理）」之學。因此，《易・繫辭傳》曰：「易與天地準，故能彌綸天地之道。」

漢代以後，易學中的陰陽學說，與五行、九宮、干支、氣運、災變、律曆、卦氣、讖緯、天人感應說等相結合，形成易學中象數系統。而其他原與《易經》本來沒有關係的術數，如占星、形法、選擇，亦漸漸以易理（象數學說）為依歸。《四庫全書・易類小序》云：「術數之興，多在秦漢以後。要其旨，不出乎陰陽五行，生尅制化。實皆《易》之支派，傅以雜說耳。」至此，術數可謂已由「術」發展成「學」。

及至宋代，術數理論與理學中的河圖洛書、太極圖、邵雍先天之學及皇極經世等學說給合，通過術數以演繹理學中「天地中有一太極，萬物中各有一太極」（《朱子語類》）的思想。術數理論不單已發展至十分成熟，而且也從其學理中衍生一些新的方法或理論，如《梅花易數》、《河洛理數》等。

在傳統上，術數功能往往不止於僅僅作為趨吉避凶的方術，及「能彌綸天地之道」的學問，亦有其「修心養性」的功能，「與道合一」（修道）的內涵。《素問・上古天真論》：「上古之人，其知道者，法於陰陽，和於術數。」數之意義，不單是外在的算數、歷數、氣數，而是與理學中同等的「道」、「理」--心性的功能，北宋理氣家邵雍對此多有發揮：「聖人之心，是亦數也」、「萬化萬事生乎心」、「心為太極」。《觀物外篇》：「先天之學，心法也。……蓋天地萬物之理，盡在其中矣，心一而不分，則能應萬物。」反過來說，宋代的術數理論，受到當時理學、佛道及宋易影響，認為心性本質上是等同天地之太極。天地萬物氣數規律，能通過內觀自心而有所感知，即是內心也已具備有術數的推演及預測、感知能力；相傳是邵雍所創之《梅花易數》，便是在這樣的背景下誕生。

《易・文言傳》已有「積善之家，必有餘慶；積不善之家，必有餘殃」之說，至漢代流行的災變說及讖緯說，我國數千年來都認為天災，異常天象（自然現象），皆與一國或一地的施政者失德有關；下至家族、個人之盛衰，也都與一族一人之德行修養有關。因此，我國術數中除了吉凶盛衰理數之外，人心的德行修養，也是趨吉避凶的一個關鍵因素。

術數與宗教、修道

在這種思想之下，我國術數不單只是附屬於巫術或宗教行為的方術，又往往是一種宗教的修煉手段--通過術數，以知陰陽，乃至合陰陽（道）。「其知道者，法於陰陽，和於術數。」例如，「奇門遁甲」術中，即分為「術奇門」與「法奇門」兩大類。「法奇門」中有大量道教中符籙、手印、存想、內煉的內容，是道教內丹外法的一種重要外法修煉體系。甚至在雷法一系的修煉上，亦大量應用了術數內容。此外，相術、堪輿術中也有修煉望氣（氣的形狀、顏色）的方法；堪輿家除了選擇陰陽宅之吉凶外，也有道教中選擇適合修道環境（法、財、侶、地中的地）的方法，以至通過堪輿術觀察天地山川陰陽之氣，亦成為領悟陰陽金丹大道的一途。

易學體系以外的術數與的少數民族的術數

我國術數中，也有不用或不全用易理作為其理論依據的，如揚雄的《太玄》、司馬光的《潛虛》。也有一些占卜法、雜術不屬於《易經》系統，不過對後世影響較少而已。

外來宗教及少數民族中也有不少雖受漢文化影響（如陰陽、五行、二十八宿等學說。）但仍自成系統的術數，如古代的西夏、突厥、吐魯番等占卜及星占術，藏族中有多種藏傳佛教占卜術、苯教占卜術、擇吉術、推命術、相術等；北方少數民族有薩滿教占卜術；不少少數民族如水族、白族、布朗族、佤族、彝族、苗族等，皆有占雞（卦）草卜、雞蛋卜等術，納西族的占星術、占卜術，彝族畢摩的推命術、占卜術……等等，都是屬於《易經》體系以外的術數。相對上，外國傳入的術數以及其理論，對我國術數影響更大。

曆法、推步術與外來術數的影響

我國的術數與曆法的關係非常緊密。早期的術數中，很多是利用星宿或星宿組合的位置（如某星在某州或某宮某度）付予某種吉凶意義，并據之以推演，例如歲星（木星）、月將（某月太陽所躔之宮次）等。不過，由於不同的古代曆法推步的誤差及歲差的問題，若干年後，其術數所用之星辰的位置，已與真實星辰的位置不一樣了；此如歲星（木星），早期的曆法及術數以十二年為一周期（以應地支），與木星真實周期十一點八六年，每幾十年便錯一宮。後來術家又設一「太歲」的假想星體來解決，是歲星運行的相反，週期亦剛好是十二年。而術數中的神煞，很多即是根據太歲的位置而定。又如六壬術中的「月將」，原是立春節氣後太陽躔娵訾之次而稱作「登明亥將」，至宋代，因歲差的關係，要到雨水節氣後太陽才躔娵訾之次，當時沈括提出了修正，但明清時六壬術中「月將」仍然沿用宋代沈括修正的起法沒有再修正。

由於以真實星象周期的推步術是非常繁複，而且古代星象推步術本身亦有不少誤差，大多數術數除依曆書保留了太陽（節氣）、太陰（月相）的簡單宮次計算外，漸漸形成根據干支、日月等的各自起例，以起出其他具有不同含義的眾多假想星象及神煞系統。唐宋以後，我國絕大部分術數都主要沿用這一系統，也出現了不少完全脫離真實星象的術數，如《子平術》、《紫微斗數》、《鐵版神數》等。後來就連一些利用真實星辰位置的術數，如《七政四餘術》及選擇法中的《天星選擇》，也已與假想星象及神煞混合而使用了。

隨着古代外國曆（推步）、術數的傳入，如唐代傳入的印度曆法及術數，元代傳入的回回曆等，其中我國占星術便吸收了印度占星術中羅睺星、計都星等而形成四餘星，又通過阿拉伯占星術而吸收了其中來自希臘、巴比倫占星術的黃道十二宮、四大（四元素）學說（地、水、火、風），並與我國傳統的二十八宿、五行說、神煞系統並存而形成《七政四餘術》。此外，一些術數中的北斗星名，不用我國傳統的星名：天樞、天璇、天璣、天權、玉衡、開陽、搖光，而是使用來自印度梵文所譯的：貪狼、巨門、祿存、文曲，廉貞、武曲、破軍等，此明顯是受到唐代從印度傳入的曆法及占星術所影響。如星命術中的《紫微斗數》及堪輿術中的《撼龍經》等文獻中，其星皆用印度譯名。及至清初《時憲曆》，置閏之法則改用西法「定氣」。清代以後的術數，又作過不少的調整。

此外，我國相術中的面相術、手相術，唐宋之際受印度相術影響頗大，至民國初年，又通過翻譯歐西、日本的相術書籍而大量吸收歐西相術的內容，形成了現代我國坊間流行的新式相術。

陰陽學——術數在古代、官方管理及外國的影響

術數在古代社會中一直扮演着一個非常重要的角色，影響層面不單只是某一階層、某一職業、某一年齡的人，而是上自帝王，下至普通百姓，從出生到死亡，不論是生活上的小事如洗髮、出行等，大事如建房、入伙、出兵等，從個人、家族以至國家，從天文、氣象、地理到人事、軍事，從民俗、學術到宗教，都離不開術數的應用。我國最晚在唐代開始，已把以上術數之學，稱作陰陽（學），行術數者稱陰陽人。（敦煌文書、斯四三二七唐《師師漫語話》：「以下說陰陽人謾語話」，此說法後來傳入日本，今日本人稱行術數者為「陰陽師」）。一直到了清末，欽天監中負責陰陽術數的官員中，以及民間術數之士，仍名陰陽生。

古代政府的中欽天監（司天監），除了負責天文、曆法、輿地之外，亦精通其他如星占、選擇、堪輿等術數，除在皇室人員及朝庭中應用外，也定期頒行日書、修定術數，使民間對於天文、日曆用事吉凶及使用其他術數時，有所依從。

我國古代政府對官方及民間陰陽學及陰陽官員，從其內容、人員的選拔、培訓、認證、考核、律法監管等，都有制度。至明清兩代，其制度更為完善、嚴格。

宋代官學之中，課程中已有陰陽學及其考試的內容。（宋徽宗崇寧三年〔一一零四年〕崇寧算學令：「諸學生習……並曆算、三式、天文書。」「諸試……三式即射覆及預占三日陰陽風雨。天文即預

定一月或一季分野災祥，並以依經備草合問為通。」

金代司天臺，從民間「草澤人」（即民間習術數人士）考試選拔：「其試之制，以《宣明曆》試推步，及《婚書》、《地理新書》試合婚、安葬，並《易》筮法，六壬課、三命、五星之術。」（《金史》卷五十一·志第三十二·選舉一）

元代為進一步加強官方陰陽學對民間的影響、管理、控制及培育，除沿襲宋代、金代在司天監掌管陰陽學及中央的官學陰陽學課程之外，更在地方上增設陰陽學課程（《元史·選舉志一》：「世祖至元二十八年夏六月始置諸路陰陽學。」）地方上也設陰陽學教授員，培育及管轄地方陰陽人。（《元史·選舉志一》：「（元仁宗）延祐初，令陰陽人依儒醫例，於路、府、州設教授員，凡陰陽人皆管轄之，而上屬於太史焉。」）自此，民間的陰陽術士（陰陽人），被納入官方的管轄之下。

至明清兩代，陰陽學制度更為完善。中央欽天監掌管陰陽學，明代地方縣設陰陽學正術，各州設陰陽學典術，各縣設陰陽學訓術。陰陽人從地方陰陽學肄業或被選拔出來後，再送到欽天監考試。（《大明會典》卷二二三：「凡天下府州縣舉到陰陽人堪任正術等官者，俱從吏部送（欽天監），考中，送回選用；不中者發回原籍為民，原保官吏治罪。」）清代大致沿用明制，凡陰陽術數之流，悉歸中央欽天監及地方陰陽官員管理、培訓、認證。至今尚有「紹興府陰陽印」、「東光縣陰陽學記」等明代銅印，及某某縣某某之清代陰陽執照等傳世。

清代欽天監漏刻科對官員要求甚為嚴格。《大清會典》「國子監」規定：「凡算學之教，設肄業生。滿洲十有二人，蒙古、漢軍各六人，於各旗官學內考取。漢十有二人，於舉人、貢監生童內考取。附學生二十四人，由欽天監選送。教以天文演算法諸書，五年學業有成，舉人引見以欽天監博士用，貢監生童以天文生補用。」學生在官學肄業、貢監生肄業或考得舉人後，經過了五年對天文、算法、陰陽學的學習，其中精通陰陽術數者，會送往漏刻科。而在欽天監供職的官員，《大清會典則例》「欽天監」規定：「本監官生三年考核一次，術業精通者，保題升用。不及者，停其升轉，再加學習。如能黽勉供職，即予開復。仍不及者，降職一等，再令學習三年，能習熟者，准予開復，仍不能者，黜退。」除定期考核以定其升用降職外，《大清律例》中對陰陽術士不準確的推斷（妄言禍福）是要治罪的。《大清律例・一七八・術七・妄言禍福》：「凡陰陽術士，不許於大小文武官員之家妄言禍福，違者杖一百。其依經推算星命卜課，不在禁限。」大小文武官員延請的陰陽術士，自然是以欽天監漏刻科官員或地方陰陽官員為主。

官方陰陽學制度也影響鄰國如朝鮮、日本、越南等地，一直到了民國時期，鄰國仍然沿用着我國的多種術數。而我國的漢族術數，在古代甚至影響遍及西夏、突厥、吐蕃、阿拉伯、印度、東南亞諸國。

術數研究

術數在我國古代社會雖然影響深遠，「是傳統中國理念中的一門科學，從傳統的陰陽、五行、九宮、八卦、河圖、洛書等觀念作大自然的研究。……傳統中國的天文學、數學、煉丹術等，要到上世紀中葉始受世界學者肯定。可是，術數還未受到應得的注意。術數在傳統中國科技史、思想史，文化史、社會史，甚至軍事史都有一定的影響。……更進一步了解術數，我們將更能了解中國歷史的全貌。」（何丙郁《術數、天文與醫學中國科技史的新視野》，香港城市大學中國文化中心。）

可是術數至今一直不受正統學界所重視，加上術家藏秘自珍，又揚言天機不可洩漏，「（術數）乃吾國科學與哲學融貫而成一種學說，數千年來傳衍嬗變，或隱或現，全賴一二有心人為之繼續維繫，賴以不絕，其中確有學術上研究之價值，非徒癡人說夢，荒誕不經之謂也。其所以至今不能在科學中成立一種地位者，實有數因。蓋古代士大夫階級目醫卜星相為九流之學，多恥道之；而發明諸大師又故為惝恍迷離之辭，以待後人探索；間有一二賢者有所發明，亦秘莫如深，既恐洩天地之秘，復恐譏為旁門左道，始終不肯公開研究，成立一有系統說明之書籍，貽之後世。故居今日而欲研究此種學術，實一極困難之事。」（民國徐樂吾《子平真詮評註》，方重審序）

現存的術數古籍，除極少數是唐、宋、元的版本外，絕大多數是明、清兩代的版本。其內容也主要是明、清兩代流行的術數，唐宋或以前的術數及其書籍，大部分均已失傳，只能從史料記載、出土文獻、敦煌遺書中稍窺一鱗半爪。

術數版本

坊間術數古籍版本，大多是晚清書坊之翻刻本及民國書賈之重排本，其中豕亥魚魯，或任意增刪，往往文意全非，以至不能卒讀。現今不論是術數愛好者，還是民俗、史學、社會、文化、版本等學術研究者，要想得一常見術數書籍的善本、原版，已經非常困難，更遑論如稿本、鈔本、孤本等珍稀版本。在文獻不足及缺乏善本的情況下，要想對術數的源流、理法、及其影響，作全面深入的研究，幾不可能。

有見及此，本叢刊編校小組經多年努力及多方協助，在海內外搜羅了二十世紀六十年代以前漢文為主的術數類善本、珍本、鈔本、孤本、稿本、批校本等數百種，精選出其中最佳版本，分別輯入兩個系列：

一、心一堂術數古籍珍本叢刊

二、心一堂術數古籍整理叢刊

前者以最新數碼（數位）技術清理、修復珍本原本的版面，更正明顯的錯訛，部分善本更以原色彩色精印，務求更勝原本。并以每百多種珍本、一百二十冊為一輯，分輯出版，以饗讀者。

後者延請、稿約有關專家、學者，以善本、珍本等作底本，參以其他版本，古籍進行審定、校勘、注釋，務求打造一最善版本，方便現代人閱讀、理解、研究等之用。

限於編校小組的水平，版本選擇及考證、文字修正、提要內容等方面，恐有疏漏及舛誤之處，懇請方家不吝指正。

心一堂術數古籍 珍本／整理 叢刊編校小組

二零零九年七月序

二零一四年九月第三次修訂

沈祖緜著

八風攷略

章氏國學講習會印行

八風攷略

沈祖緜

八風之說。實與易之卦位相表裏。班固。賈逵。服虔。高誘。韋昭。皆以八卦象之。清代治易者。未能致意。姚配中據春秋考異郵之八風。以釋說卦傳帝出乎震一節。徐文靖又以史記律書解之。及黃以周正張惠言律書圖之譌。作論八風。於是後人始稍稍注意。特其說未詳。不能窮其原委。今乃薈萃衆說。撰成八風考略。删枝末。探本原。庶幾八風之說。得有所是正也。

一

何謂八。大戴禮本命篇。八者。維綱也。天地以發明。故聖人以合陰陽之數也。注云。八爲方維。八卦之數也。又易本命篇。二九十八。八主風。注云風之大數盡於八也。然周天三百有六十度。以八除之。得四十有五度。一方一維。皆得四十五度也。

周禮保章氏疏。引春秋考異郵曰。陽立於五。極於九。五九四十五。一變以陰合陽。故八卦主八風。相距各四十五日。其說反不如每日行周天一度。使人易明也。

何謂風。御覽卷九。引春秋考異郵曰。風之爲言萌也。其立字。蟲動於几中爲風。按几係凡之誤 淮南子氾論篇。風先萌焉。白虎通八風篇。風之爲言萌也。此以萌釋風者也。

春秋左氏傳四年傳。惟是風馬牛不相及也。疏引服虔注。風放也。釋名釋天。風放也。氣放散也。按說卦傳。風以散之。又曰。氾也。其氣博氾而動物也。此以放釋風也。

春秋考異郵曰。其立字蟲動於凡中爲風。素問五運行大論。東方生蟲。論衡商蟲篇。凡蟲爲風之字。說文。十三篇下。風部首。風動蟲生。故蟲八日而化。此以蟲釋風也。

按之字義。以蟲釋風爲正。漢人重五行。風於五行中究屬何行。余以爲風者。氣爲之也。風動蟲生。氣也。春秋左氏昭元年傳。天有六氣。淫有六疾。又曰。晦淫惑疾。又曰。於文。皿蟲爲蠱。穀之飛。亦爲蠱。在周易女惑男。風落山。謂之蠱。皆同物也。杜預注曰。巽下艮上。蠱。巽爲長女。爲風。艮爲少男。爲山。少男而說長女。非匹。故惑。山木得風而落。以此觀之。則風爲氣之所感。無疑義。素問言五運六氣。是風爲運氣也。運有五。氣有六。豈能爲五行中之一行所拘哉。既云八風。八方皆有風。亦卽八方皆有運與氣。運氣之說。限與篇幅。姑不論。但以八方皆有風論之。則東南西北。皆有風也。木火金水。皆有風也。我國地處溫帶。東瀕海。南瀕海。故風自東與南來者。東木南火。性必溫煦。西崇山。北瀚海。故風自西與北來者。西金北水。時必寒冷。此自然之勢。不易之理也。有以風爲土氣。如易說卦傳巽爲風。陸績注說。書洪範曰風。鄭玄注說是也。然鄭注洪範星有好風。則曰。風。土也。爲木妃。與風土氣義又歧矣。南齊書樂志引蔡邕月令章句。東方有木三土五。故數八。以土爲木妃。或曰是也。然南方有火二土五。故數七。西方有金四土五。故數九。北方有水一土五。故數六。豈能斷章取義。僅取東方妃木哉。

素問五常政大論。脾其畏風。注。風木令也。又風雲並興。注。風者木之化也。又風寒並興。注。風。木也。又五運行大論。風勝溼。注。風木氣。又陰陽應象大論。風勝溼。注。風爲木氣。淮南子天文訓。虛嘯而谷風至。高誘注。風。木風也。春秋繁露五行五事篇。風者。木之氣也。其音角。所謂木令。木化。木風。木之氣。諸說。咸據說卦傳巽爲風。爲木而來也。然木化之說。較諸說爲强。因丁壬化木。寅亥化木。化則其氣不專。有相從之義。爾。風既云方。何能限於一方。莊子齊物論。大塊噫氣。其名爲風。宋玉風賦。夫風者。天地之氣。溥暢。又曰。風生於地。注引文選卷十三。五經通義。陰陽散而爲風。風氣無根也。又引春秋元命包曰。陰陽怒而爲風。侵淫漸進也。以諸說證之。不能拘於爲土爲木之說也。

何謂八風。八風者。八方之風也。禮記樂記曰。八風從律而不姦。注。八風從律。應節至也。按節即二十四節也。八風應節而至。即四立二至二分。風向變。春秋左氏襄二十九年傳。五聲和。八風平。節有度。守有序。注。宮商角徵羽。謂之五聲。八方之風。謂之八風。八音克諧。節有度也。無相奪倫。守有序也。按杜注。八音克諧。無相奪倫引書舜典語。又昭二十年傳。一氣。二體。三類。四物。五聲。六律。七音。八風。九歌。以相成也。注。八方之氣。謂之八風。皆謂八方之風。豈木氣土氣所能限哉。

以上諸說。八風之義。略舉大義。易說卦傳曰。帝出乎震。齊乎巽。相見乎離。致役乎坤。說言乎兌。戰乎乾。勞乎坎。成言乎艮。又重言以申明之曰。萬物出乎震。震東方也。齊乎巽。巽東南也。言萬物之絜齊也。離也者。明也。萬物皆相見。南方之卦也。聖人南面而聽天下。嚮明而治。蓋取諸此也。坤也者。地也。萬物皆致養焉。故曰致役乎坤。兌正秋也。萬物之所說也。故曰說言乎兌。戰乎乾。乾西北之卦也。言陰陽相薄也。坎者。水也。正北方之卦也。勞卦也。萬物之所歸也。故曰勞乎坎。艮東北之卦也。萬物之所成終而成始也。故曰成言乎艮。其說已將四時（按如兌正秋也）五行（按如坎者水也）八方。六律（按即月建）八風。八音。十二月。二十四節。七十二候。莫不包括之也。

二

八風之說。立爲專論者。今所見者。始於白虎通。其說爲古文歟。今文歟。世未論定。余以爲古文家言無疑。觀中諸儒講論五經同異。諸篇皆引書。惟此篇無之。是古今文一致。故同而不異。徵諸春秋左氏昭二十年。正義引賈逵說。其爲古文可決也。

今攷八風諸家之說。可分爲十說。

甲、以八卦立說者

周禮保章氏疏。引春秋考異郵曰。陽立於五。極於九。五九四十五。一變。以陰合陽。故八卦主八風。相距各四十五日。艮爲條風。震爲明庶風。巽爲淸明風。離爲景風。坤爲涼風。兌爲閶闔風。乾爲不周風。坎爲廣莫風。此起自艮。其位與說卦傳同。

太玄挩。剬割匏竹革木土金。擊石彈絲。以和天下。挩擬之八風。注。坎爲廣莫風。艮爲條風。震爲明庶風。巽爲淸明風。離爲景風。兌爲閶闔風。坤爲涼風。乾爲不周風。此起於坎。惟兌爲閶闔風。坤爲涼風。兩句顚倒。疑淺人改竄。

乙、以八方立說者

八方。卽東。震。東南。巽。南。離。西南。坤。西。兌。西北。乾。北。坎。東北。艮。是也。國語周語。方不應時。不應時則亂。大戴禮曾子天圓篇。淮南子天文篇。皆云。地道曰方。

春秋左氏昭二十年傳。正義引通卦驗。東北曰條風。東方曰明庶風。東南曰淸明風。南方曰景風。西南曰涼風。西風(按風係方字之誤。)曰閶闔風。西北曰不周風。北方曰廣莫風。條風又名融風。景風又名凱風。此起於艮。今通卦驗無此文。

呂氏春秋有始覽。何謂八風。東北曰炎風。(高誘注。炎風艮氣所生。一曰融風。)東方曰滔風。(注。震氣所生。一曰明庶風。)東南曰熏風。(注。巽氣所生。一曰淸明風。)南方曰巨風。(注。離氣所生。一曰凱風。詩曰。凱風自南。)西南曰淒風。(注。坤氣所生。一曰涼風。)西方曰飂風。注兌氣所生。一曰閶闔風。西北曰厲風。注乾氣所生。一曰不周風。北方曰寒風。注坎氣所生。一曰廣莫風。此起於艮。呂氏未言卦。高誘注則以八卦之氣生風。其注巨風一曰凱風外。餘皆引淮南子天文篇語。蕭吉五行大義引呂氏云。東方滔風。東南動風。按動係熏之誤。南方巨風。西南淒風。西方飄風。按飂飄聲通。西北厲風。北方寒風。東北炎風。此係蕭氏引有始覽酌改之爾。其方位起于震。初學記卷一百二十二引呂氏春秋云。東北曰融風。按初學記以高誘注改正文也。東風按風係方字之誤。曰滔風。南方曰薰風。按此句南上脫東字。一曰南方曰巨風。按一曰二字係後人竄入。或徐氏不知方向誤竄耳。西方曰飂風。西北曰厲風。北方曰寒風。此亦起於艮。西方曰飂風上。脫西南曰淒風句。類書脫衍。實不能免。在學者學有所本。方免貽誤。否則正文不誤。從類書反誤矣。

淮南子墬形篇。何謂八風。東北曰炎風。高誘注。艮氣所生也。一曰融風。東方曰條風。注。震氣所生也。東南曰景風。注。巽氣所生也。一曰清明風。○按諸家以南方爲景風。注南獨異。南方曰豈風。注。離氣所生也。一曰愷風。西南曰涼風。注。坤氣所生也。西方曰飂風。注。兌氣所生也。西北曰麗風。注。乾氣所生。一曰閶闔風。北方曰寒風。注。坎氣所生也。一曰廣莫風。此起於艮。蕭吉五行大義。引淮南子。與今本異。淮南子曰。東北方曰蒼門。生條風。東方曰開明門。生明庶風。東南方曰陽門。生清明風。南方曰暑門。生景風。按此文與天文篇俱作景風。而今本作東南曰景風。一書前後互異。西南方曰白門。生涼風。西方曰閶闔門。生閶闔風。西北曰幽都門。生不周風。北方曰寨門。按塞今本寒字是也。生廣莫風。此亦起於艮。蕭氏節錄淮南子墜形篇。將八風八紘之說合而爲一也。

說文。風。十三篇下。部首。八風也。東方曰明庶風。東南曰清明風。南方曰景風。西南曰涼風。西方曰閶闔風。西北曰不周風。北方曰廣漠風。東北曰融風。風動蟲生。此起于震。

漢書禮樂志。郊祀歌景星十二。四興遞代八風生。注。應劭曰。四時遞代成陰陽。八風以生也。臣瓚曰。舞者四縣代奏也。左氏傳曰。夫舞可以節八音而行八風也。師古曰。瓚說是也。八方之風。謂東北曰條風。東方曰明庶風。東南曰清明風。南方曰景風。西南曰涼風。西方曰閶闔風。西北曰不周風。北方曰廣莫風。此起于艮。

丙、以四方四隅立說者

後漢書郎顗傳注。風角。謂四方四隅之風。以占吉凶。四方者。坎北。離南。震東。兌西。也。四隅者。乾西北。巽東南。艮東北。坤西南。也。風角之書。今已佚。惟唐人李淳風乙巳占。猶言其大略。其說與筮卜異。爲易之支流。

素問八正神明論。八正者。所以候八風之虛邪以時至者也。王冰注。八風者。東方嬰兒風。南方大弱風。西方剛風。按太公兵書。兌名小剛風。北方大剛風。東北方凶風。南方弱風。西南方謀風。西北方折風。此先言東南西北。四正之風。次言東北。東南。西南。西北。四隅之風。其說卽風角也。

蕭吉五行大義。引太公兵書曰。坎名大剛風。乾名折風。兌名小剛風。艮名凶風。坤名謀風。巽名小弱風。震名嬰兒風。離名大弱風。風名與素問王冰注同。惜方向無次序。疑後人亂之爾。太公兵書今佚。

李淳風乙巳占卷十。八方暴風占。以八節立說。其方位亦起於坎。與諸說同。惟東北艮曰條風下。注云亦名焱風。東方震曰明庶風下。亦名宂風。東南巽曰清明風下。注云一名景風。南方離曰景風下。注云一名臣風。（按臣係巨之誤。）西南坤曰涼風下。一作諫。注云一名陣風。西方兌曰閶闔風下。亦名飄風。李氏又引京房云。八方暴風之候。及八卦風列名。似京氏亦有八風之說也。李氏又云。乾高折風。（原注。一名衝。）坎爲大剛風。艮爲凶風。震爲嬰兒風。巽爲大弱。（原注。一云小弱。）離爲大弱風。坤爲諫風。（原注。一名陰謀風。）兌爲小弱。與蕭王二氏所引同。惟風名稍異而起於乾方向不亂。李氏於風下。皆引京房語。又三辰八角風。以申子辰之日。巳酉丑之日。亥卯未之日。寅午戌之日。與漢書翼奉傳齊詩說意相同也。並以八節之風。又分卦位並云京房善用德。張平子善用日辰。伏氏善用刑。翼氏善用溫熱。是采漢人之說也。李氏又錄圖於後。其圖與宋人所謂後天八卦圖同。且有十二子十干四維。則後天卦圖爲宋人所僞。其說可破。茲轉載其圖如下。

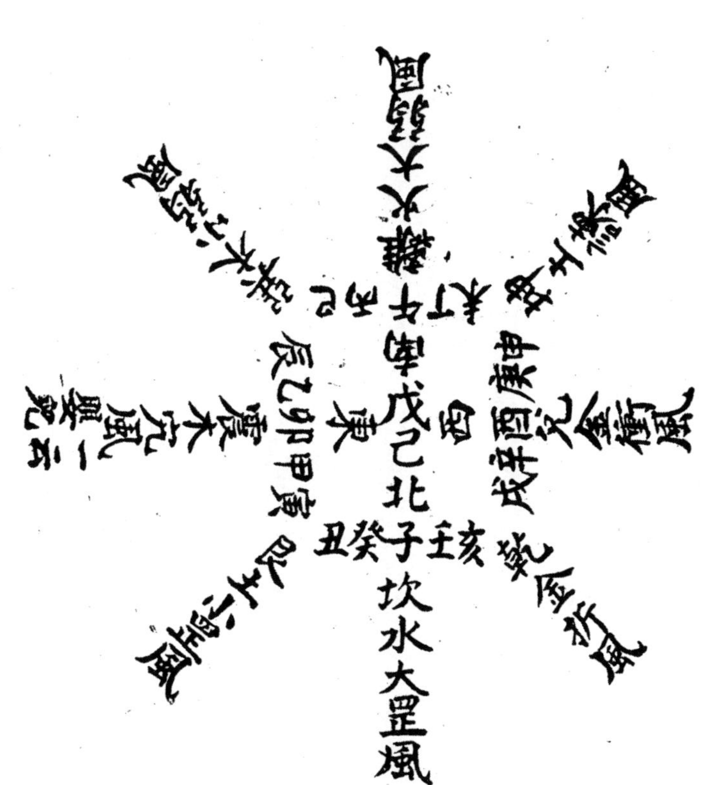
戊己
北
東
丑癸子壬亥
坎水大罡風
寅甲卯乙辰

丁、以八音八方與八卦並提立論者

周禮春官大司樂。凡六樂者。文之以五聲。播之以八音。又大師皆播之以八音。金。石。土。革。絲。木。匏。竹。說文樂。六篇上木部。五聲八音總名。八音者。金。兌石。乾絲。離竹。震匏。艮土。坤革。坎木。巽是也。白虎通禮樂篇。聲五音八何。聲爲本。出於五行。音爲末。象八風。服虔謂八卦之風。因風動而聲生。五音乾石兌金爲金。震竹巽木爲木。離絲爲火。坎革爲水。中土爲土。艮以匏附於竹木。坤以土附以金石。此以五聲合八音也。大戴禮曾子天問篇。聖人愼守日月之數。以察星辰之行。以序四時之順逆。謂之曆。截十二管。按十二管即律呂各六。以宗八音之上下清濁。謂之律也。律居陰而治陽。按即六律也。居陽而治陰。按即六呂也。律曆迭相治也。按其說允。

以諸說證八風。起例雖各有異。要皆殊塗同歸。惟八音則亂。因六藝於樂亡於戰國。兩漢學者。惟河間獻王王禹略知其義。是說已佚。後人又未能深攷。故漢時已不應經法矣。

五行大義引樂緯叶圖徵云。坎主冬至。樂用管。艮主立春。樂用塤。震主春分。樂用鼓。巽主立夏。樂用笙。離主夏至。樂用琴瑟。坤主立秋。樂用磬。兌主秋分。樂用鐘。乾主立冬。樂用柷圉。此起於坎者也。並以八節證八音。春秋左氏隱五年傳疏。引沈氏云同。樂用琴瑟。沈氏引作樂用弦。樂用柷圉。沈氏引作樂用柷敔。惟起例亦同。

五行大義又引樂緯一說云。鼓主震。笙主巽。柷敔主乾。塤主艮。管主坎。弦主離。磬主坤。鐘主兌。其說八音與叶圖徵合。至八卦方位則錯亂。

白虎通禮樂篇引樂記曰。土曰塤。竹曰管。皮曰鼓。匏曰笙。絲曰絃。石曰磬。金曰鐘。木曰柷敔。此之謂八音也。法易八卦也。萬物之數也。八音萬物之聲也。今樂記佚。漢書律歷志說同。此言萬物之數。及萬物之聲。與漢書異。萬物二字。與說卦傳萬物出乎震一節合。至八位方位亦錯亂。其說與諸家異。疑今文也。

白虎通同篇又引樂記曰。壎坎音也。管艮音也。鼓震音也。弦離音也。鐘兌音也。柷乾音也。此說缺巽音坤音。故錯亂而無次序。與上引樂記說又不相同。

白虎通同篇。又云一說笙。柷。鼓。簫。琴。塤。鐘。磬。如其次。笙在北方。柷在東北方。鼓在東方。簫在東南方。琴在南方。塤在西南方。鐘在西方。磬在西北方。此起於坎。方位與說卦同。惟樂與諸家異。

春秋左氏昭二十年傳。五聲和。八風平。疏引賈逵曰。兌爲金。爲閶闔風也。乾爲石。爲不周風也。坎爲革。爲廣莫風也。艮爲匏。爲融風也。震爲竹。爲明庶風也。巽爲木。爲淸明風也。離爲絲。爲景風也。坤爲土。爲涼風也。是先儒依易緯配八風也。正義謂先儒依易緯配八風。武斷之說也。賈氏引何書。不可攷。賈說起於兌。

春秋左氏隱六年傳。夫舞所以節八音而行八風。疏引服虔解誼。八卦之風。乾音石。其風不周。坎音革。其風廣莫。艮音匏。其風融。震音竹。其風明庶。巽音木。其風清明。離音絲。其風景。坤音土。其風涼。兌音金。其風閶闔。其說與賈逵同。不過起例不同。賈起於兌。服起於乾爾。

國語周語下。伶州鳩曰。金尚羽。石尚角。瓦絲尚宮。匏竹尚義。按義或作議。韋昭注。義從其調利也。與艮以匏陳於竹木之說同。革木一聲。按注革鞻鼓也。木柷敔也。(中略)而行之以遂八風。韋昭注曰。正西曰兌。爲金。爲閶闔。西北曰乾。曰石。爲不周。正北曰坎。爲革。爲廣漠。按漠爲莫之衍。東北曰艮。爲匏。爲融風。正東曰震。爲竹。爲明庶。東南曰巽。爲木。爲淸明。正南曰離。爲絲。爲景風。西南曰坤。爲瓦。按羣籍瓦皆作土。易離九三不鼓缶而歌。詩陳風宛丘。坎其擊缶。是缶爲土製樂器也。爲涼風。此起於兌。以八方八音八卦連類及之。說與賈服二氏同。起例則與賈同。

淮南子天文篇。何謂八風。正文見下述。高誘注曰。艮卦之風。一名融。按正文曰條風。爲笙也。震卦之風。爲管也。巽卦之風。爲柷也。離卦之風。爲弦也。坤卦之風。爲塤也。兌卦之風。爲鐘也。乾卦之風。爲磬也。坎卦之風。爲鼓也。注從原文起艮。其說樂器與白虎通引樂記同。總之八風之說。諸家皆同。八音之說。亦無異議。惟樂器則各不相同。茲列表如下。

卦名／八音	樂緯叶圖徵	樂緯	白虎通引樂記	白虎通引樂記	白虎通引一說	賈逵說	服虔說	韋昭說
乾／石	柷圉	柷敔	磬	柷	磬	石	石	石
坎／革	管	管	鼓	塤	笙	革	革	革
艮／匏	塤	塤	笙	管	柷	匏	匏	匏
震／竹	鼓	鼓	管	鼓	鼓	竹	竹	竹
巽／木	笙	笙	柷敔		簫	木	木	木
離／絲	琴瑟	弦	弦	弦	琴	絲	絲	絲
坤／土	磬	磬	塤		塤	土	土	瓦
兌／金	鐘	鐘	鐘	鐘	鐘	金	金	金
附說		春秋左氏傳隱五年疏沈氏引樂緯同句法上下同叶圖徵	高誘注同					

右表言金石絲竹匏土革木。賈服二氏同。韋昭亦同。惟土作瓦。至樂器。其說各異。余以爲音自音。器自器。二者不能相混。故樂記曰。凡音者生於人心者也。樂者通倫者也。音與樂。其別如此。金石絲竹匏土革木。未成器之元音也。若已成器。則各器各具八音者也。製器之始。取材八方元音之物。如金之於鐘。絲之於琴瑟是也。按呂氏春秋古樂篇•黃帝又命伶倫與榮將鑄十二鐘•以和五音•以施英韶•是

（鐘有五音之體。琴有弦。竹有孔。弦孔音所出。其音不同。）成器後各有音律矣。非一器一元音也。韋昭以土爲瓦。不知土係材。瓦係器。此韋氏以爲瓦失之。

春秋左氏襄二十九年傳。五音和。八風平。節有度。守有序。昭二十年傳。一氣。二體。三類。四物。五聲。六律。七音。八風。九歌。以相成也。清濁。小大。短長。疾徐。哀樂。剛柔。遲速。高下。出入。周疏。以相濟也。君子聽之。以平其心。心平德和。故詩曰。德音孔昭。又二十一傳。伶州鳩曰。夫音樂之輿也。又二十五年傳。爲九歌。八風。七音。六律。以奉五聲。又如呂氏春秋仲夏季夏兩紀諸篇。言樂與音之別亦夥。漢書律曆志。一曰備數。二曰和聲。三曰審度。四曰嘉量。五曰權衡。言製器也。攷說文。鼓。（五篇上。部首。）郭也。春秋之音。萬物郭皮甲而出。故曰鼓。从壴。从屮。又屮象𠂢飾。又象其手擊之也。春分震也。樂記以坎爲鼓。取坎爲革也。然革無音。空其中。方有音。凡樂器皆然。蒙革爲鼓。象竹之中空。時在春分而分。亦空也。詩陳風宛丘。坎其擊缶。傳。坎擊鼓聲也。或革爲坎。元音也。

說文。柷。（六篇上。木部。）木椌。工用柷。止音爲節。從木。祝省。敔。（三篇下。攴部。）禁也。一曰樂器。椌楬也。形如木虎。从攴。吾聲。椌。（木部。）柷樂。从木。空聲。樂記注曰。椌楬謂柷敔也。楬。（木部。）桀也。从木。曷聲。春秋傳曰。楬而書之。敔。樂緯叶圖徵作圉。圉。卽圄也。說文。圄。（六篇下。囗部。）守之也。守卽止之義也。漢書律曆志。風俗通聲音篇。皆曰木曰柷。木亦無音。亦必空其中。乃有音是也。

離方之音爲絲。樂器爲弦。爲琴瑟。諸家皆同。說文。弦。（十二篇下部首）弓弦也。從弓。象弓軫之形。琴（十二篇下部首）禁也。神農所作。洞越。練朱五弦。周時加二弦。瑟。（琴部）庖犧作。弦樂也。以許氏解廣其義。朱爲離之色。五以十二子言。卽建午之月也。午爲離之正。周時加二弦者。五加二爲七。七。火數也。二七爲九。亦離數也。故絲爲離氣。

白虎通禮樂篇。壎坎音也。又曰壎爲十一月。十一月建子。坎氣也。樂緯坤爲磬。其說不如土曰壎。說文。壎。（十三篇下土部）樂器也。以土爲之。六孔。从土。熏聲。詩何人斯。伯也吹壎。傳。土曰壎。漢書律曆志。土曰壎。諸家皆以坤爲土。爲壎。

說文。鐘。（十四篇上金部）樂鐘也。秋分之音。萬物穜成。故謂之鐘。从金。童聲。秋分。兌氣。釋文。釋樂器。鐘。空也。鐘中空。音自空來也。所謂空谷傳聲。空穴來風是也。

說文。磬。（九篇下石部）石樂也。（按从段氏正）以石。岸象縣虡之形。殳所以擊之也。古者毋句氏作磬。白虎通。磬者。夷則之氣也。初學記引雷氏五經要義。磬立秋之樂也。兩說皆出樂緯。夷則卽建申之月。其節爲立秋。諸家以乾爲石音。禮記樂記。石聲磬。說卦傳。乾爲金。爲玉。磬石似之。非夷則之氣也。

說文管。五篇上竹部。如篪六孔。十二月之音也。物開地牙。故謂之管。从竹。官聲。十二月建丑。以卦論則艮氣也。然節在小寒。猶爲坎氣。中屬大寒。始屬艮氣。故管自坎始而艮終。說卦傳艮東北之卦也。萬物之所成終而成始也。合漢書律曆志孟康注。引禮器記。管漆竹長一尺六孔。以一六水也。故屬坎氣。至坎爲革。是坎之音爲革。坎之樂器爲管。爾古人謂七音。周語伶州鳩曰。革木一聲。疑革與木同。故謂七音。今震曰竹。不曰木。因說卦傳震爲蒼筤竹也。

說文笙。五篇上竹部。十三簧。象鳳之身也。笙正月之音。物生故謂之笙。大者謂之巢。小者謂之和。从竹生。白虎通。太簇之氣。萬物之生。故曰笙。史記律書。泰簇者。言萬物之簇生也。故曰泰簇。其十二子爲寅。寅爲正月是也。白虎通引樂說曰。匏爲笙。與賈服韋三氏以匏爲艮氣同。而白虎通又以匏之爲言施也。牙也。在十二月。萬物皆施而牙。與說文管字解同。直以管誤爲匏。又誤以艮氣爲坎氣矣。釋文釋樂器。笙以匏爲之。故曰匏也。其證明矣。

樂說久亡。漢書禮樂志云。至于六國。魏文侯最爲好古。而謂子夏曰。寡人聽古樂則欲寐。及聞鄭衛。余不知倦焉。子夏辭而辨之。終不見納。自此禮樂喪矣。按說詳禮記樂記。漢興。樂家有制氏。以雅樂聲律。世世爲樂大官。但能紀其鏗鎗鼓舞。而不能言其義。其言如此。足徵樂在漢已亡矣。

戊、以八節立說者

八節。卽立春。（艮寅節）春分。（震卯中）立夏。（巽巳節）夏至。（離午中）立秋。（坤申節）秋分。（兌酉中）立冬。（乾亥節）冬至。（坎子中）在四正子午卯酉月者爲中。在四隅寅申巳亥月者爲節。鄭玄禮記樂記注。八風從律。應節至也。節謂立春立夏立秋立冬也。至謂夏至冬至也。荀爽易傳。雷以動之注。謂建卯之月。震卦用事。以月建釋卦矣。史記律書索隱。八正謂八節之氣。以應八節之風。皆其證也。

御覽卷九。引春秋攷異郵云。八風殺生以節翺翔。距冬至四十五日條風至。條者達生也。四十五日。明庶風至。明庶迎惠。四十五日清明風至。精芒挫收。四十五日景風至。景者。强也。强以成之。四十五日。涼風至。涼風者寒以閉也。四十五日閶闔風至。閶闔者。當寒天收也。四十五日不周風至。不周者。不交也。陰陽未合化也。四十五日。廣莫風至。廣莫。精大滿也。風之爲言萌也。其立字蟲動于凡中者爲風。此八節以坎起。風以艮起也。

高似孫緯略。引通卦驗。今本無之。豈宋時本不同歟。與白虎通禮樂篇。是以王者承順之下同。可以互證。陳立白虎通疏證。所引通卦驗全據緯略。似未見原書。其文曰。冬至廣莫風至。誅有罪。斷大刑。（月令作戮有罪。嚴斷刑。淮南子天文篇。廣莫風至。則閉關梁。決罰刑。白虎通則斷大辟。行刑獄。）立春條風至。赦小罪。出稽留。（淮南子天文篇。出輕繫。去稽留。白虎通。出輕刑。解稽留。）春分明庶風至。正封疆。（淮南子天文篇同。白虎通正作修。）修田疇。（淮南子天文篇同。白虎通修作理。立夏清明風至。出幣帛。淮南子天文篇。白虎通同。禮諸侯。淮南子天文篇同。白虎通禮作使。夏至景風至。辨大將。淮南子天文篇作爵有位。白虎通作爵有德。唐類函引孝經緯。作辨大將。封有功。淮南子天文篇。封作賞。白虎通同。立秋涼風至。報土功。祀四郊。淮南子天文篇同。白虎通。郊作鄉。秋分閶闔風至。解懸垂。琴瑟不張。淮南子天文篇。解作收。白虎通作申象刑。飾囹圄。立冬不周風至。修宮室。完邊城。淮南子天文篇。完作繕。白虎通。完邊城作修城郭。八風以時至。則陰陽合而王道成。萬物得以育生。王者當順八風行八政。當八卦也。此起於坎也。

淮南子天文篇。何謂八風。距日冬至四十五日。條風至。高誘注。艮卦之風。一名融。爲笙也。條風至四十五日。明庶風至。注。震卦之風。爲管也。明庶風至四十五日。清明風至。注。巽卦之風。爲柷也。清明風至四十五日。景風至。注。離卦之風。爲弦也。景風至四十五日。涼風至。注。坤卦之風。爲塤也。涼風至四十五日。閶闔風至。注。兌卦之風。爲鍾也。閶闔風至四十五日。不周風至。注。乾卦之風。爲磬也。不周風至四十五日。廣莫風至。注。坎卦之風。爲鼓也。此八節以坎起。風以艮起也。高誘注八音說見前丁節。

白虎通八風篇云。風者何謂也。風之爲言萌也。養物成功。所以象八卦。陽立於九。極於五。五九四十五日變。變以爲風。陰合陽以生風也。距冬至四十五日。條風至。條者生也。四十五日。明庶風至。明庶者。迎衆也。四十五日清明風至。清明者。青芒也。按禮記樂記正義。芒上無青字。四十五日景風至。景者。大也。言陽氣長養也。四十五日涼風至。涼。寒也。陰氣行也。四十五日昌盍風至。昌盍者。戒收藏也。（按戒。樂記正義作成。是也。）四十五日不周風至。不周者。不交也。言陰陽未合化也。（按樂記正義作矣字。非是。）四十五日廣莫風至。廣莫者。大莫也。開陽氣也。(下略)此八節以坎起。風以艮起也。禮記樂記正義。及五行大義。文相似。故不錄。

己、以卦氣立說者

以四正卦。各卦六爻之變爲中節者。例如震。（春。○方東。）離。（夏。○方南。）兌。（秋。○方西。）坎。（冬。○方北。）每爻相間爲一中一節。得二十四中節。卽一歲也。晉書天文志董巴議云。昔伏羲始造八卦。作三畫。以象二十四氣。黃帝因之。初作調曆。董以三畫卦言。與羣籍以四正卦六爻之變異。並以公卦純四正卦之初爻。侯卦純四正卦之四爻。初四兩爻卽爲八節是也。

乾元序制記曰。坎初冬至廣漠風。震初春分明庶風。離初夏至景風。兌初秋分霜下。（按霜下兩字誤。宜作秋分昌盍風。見下。）此言四正之位。未及於四隅也。初謂初爻也。與爾雅釋天南風謂之凱風。東風謂之谷風。北風謂之涼風。（按說文十三篇下。䬕北風謂之䬕。涼宜作䬕。今本作涼。俗人所改。）西風謂之泰風。異。

乾元序制記又曰。坎初六。冬至廣漠風。九二小寒。六三大寒。六四立春。條風。九五雨水。上六驚蟄。震初九春分。明庶風。六二淸明。六三穀雨。九四立夏。溫風。六五小滿。上六芒種。離初九夏至景風。六二小暑。九三大暑。九四立秋涼風至。六五處暑。上九白露。兌初九秋分。閶闔風。

霜下。（按霜下兩字衍文。疑承上之誤竄入。）九二寒露。六三霜降。九四立冬始水。不周風。（按始冰兩字。亦係後人竄入。）九五小雪。上六大雪。此以風冬震春離夏兌秋四方伯每卦六爻爲二十四中節也。又每卦初四兩爻爲風之所自出。此亦起於坎也。

易緯稽覽圖說視乾元序制記二十四中節爲尤密。以公辟侯大夫卿純四方伯之卦。每月公卦侯卦。卽爲中節所居之氣。卽漢人六日七分之學也。茲節錄其表與八風有關如下。

（中孚）公。純坎初六。 冬至。十一月中。廣漠風。

解公。純震初九。 春分。二月中。明庶風。

咸公。純離初九。 夏至。五月中。凱風。

賁公。純兌初九。 秋分。八月中。閶闔風。

中孚。解。咸。賁四卦。在卦氣爲公卦。凡公卦初爻三爻五爻。皆爲中氣。坎震離兌爲四方伯。每卦六爻。四卦二十四爻。卽爲二十四中節也。純。緣也。猶言中孚公卦緣於坎初六爻也。餘類推。此言四正之卦。亦起於坎。下言四隅卦也。初與四應。故下四節皆四爻也。

（小過）侯。純坎六四。 立春。正月節。條風。

旅侯。純震九四。 立夏。四月節。（紀昀等校曰。按此下當脫去溫風兩字。）

恆侯。純離九四。　立秋。七月節。涼風。

艮侯純兌九四。　立冬十月節。紀昀等校曰按此下當脫不周風。

小過。旅。恆。艮四卦。在卦氣爲侯卦。凡侯卦。二爻四爻六爻。皆爲節。

庚、以風天卦地立說者

風天。以八風象天也。卦地。以八卦法地也。吳越春秋闔閭內傳。子胥乃使術士。相土嘗水。象天法地。造築大城。周迴四十七里。按越絕書吳大城。周四十七里。二百一十步二尺。陸門八。以象天八風。水門八。以象地八卦。築小城。周十里。陸門三。不開東面者。按面疑門字之誤。欲以絕越明也。按東爲明庶風。故曰絕越明。立閶門者。以象天門。通閶闔風也。按天門在乾。閶闔在兌方。其說誤也。當有奪字。闔閭欲西破楚。楚在西北。故立閶門。以通天氣。立蛇門。以象地戶。按巳爲蛇。欲并越。越在東南。故立蛇門。以制敵國。吳在辰。其位龍也。故子城南門上。反羽爲兩鯢繞。以象龍角。越在巳。其位蛇也。故南大門上置木蛇。北首向內。示越屬於吳也。其文有脫奪重衍。惟風天地卦。乃後起之義也。

辛、以宿度律呂立說者

宿度。卽二十八舍也。律。六律也。國語。周語下。王將鑄無射。韋昭注。十一月曰黃鐘。建子之月。乾初九也。正月曰太簇。建寅之月。乾九二也。三月曰姑洗。建辰之月。乾九三也。五月曰蕤賓。建午之月。乾九四也。

七月曰夷則。建申之月。乾九五也。九月曰無射。建戌之月。乾上九也。呂六呂也。謂之六間。韋注云。十二月曰大呂。建丑之月。坤六四也。二月曰夾鐘。建卯之月。坤六五也。四月曰仲呂。建巳之月。坤上六也。六月曰林鐘。建未之月。坤初六也。八月曰南呂。建酉之月。坤六二也。十月曰應鐘。建亥之月。坤。六三也。國語。周語下。伶州鳩所謂律所立均出度也。韋注云。陽爲律。陰爲呂。故乾陽也。其六爻之變爲律。坤陰也。其六爻之變爲呂。此起於坎。

史記律書。書曰。七正二十八舍。律曆。天所以通五行八正之氣。天所以成孰萬物也。舍者。日月所舍。舍者舒氣也。不周風居西北。主殺生。按此句上下有脅字。東壁居不周風東。而東之至於營室。東至于危。十月也。律中應鐘。應鐘者。陽氣之應不用事也。其於十二子爲亥。亥者該也。言陽氣藏於下。故該也。　廣莫風居北方。廣莫者。言陽在下。陰莫陽廣大也。故曰廣莫。東至於虛。東至于須女。十一月也。律中黃鐘。黃鐘者。陽氣踵黃泉而出也。其於十二子爲子。子者滋也。滋者。言萬物滋於下也。其於十母爲壬癸。壬之爲言任也。言陽氣任養萬物於下也。癸之爲言揆也。言萬物可揆度。故曰癸。按子月太史公加壬癸二母。又卯月加甲乙二母。又午月加丙丁二母。又酉月加庚辛二母。治史者皆泛泛讀過。即有解者。言無一中。因子卯午酉爲四正之月。子屬坎。坎氣爲壬子癸。卯屬震。震氣爲甲卯乙。午屬離。離氣爲丙午丁。皆一子兩母。四隅之卦。有子而無母。不知此理之立成。而於律呂隔八相生。皆皮傳之談。　東至牽牛。東至於建星。按建星即斗也。十二月。律中大呂。大呂者。其於十二月爲丑。丑者。

紐也。言陽氣在上未降。萬物厄紐未敢出。按丑月無風名。故不言風。 條風居東北。主出萬物。條之言。條治萬物而出之。故曰條風。南至於箕。南至於尾。按南至于尾句。在明庶同條。係錯簡。當移此。 正月也。律中泰簇。泰簇者。言萬物簇生也。故曰泰簇。其於十二子爲寅。寅言萬物始生螾然也。故曰寅。 南至於心。南至于房。南至于氐。按此句自下移上。 明庶風居東方。明庶者。明衆物盡出也。二月也。律中夾鐘。夾鐘者。言陰陽相夾厠也。其於十二月爲卯。卯之爲言茂也。言萬物茂也。其於十母爲甲乙。甲者。言萬物剖符甲而出也。乙者言萬物生軋軋也。 南至於亢。南至于角。西至于軫。按此句移。

三月也。律中姑洗。姑洗者。言萬物洗生。其於十二子爲辰。辰者。言萬物之蜃也。按辰月無風名。故不言風。

清明風居東南維。主風吹萬物而按而下有脫字。西之軫。按此句與上下不倫。疑上句有脫簡。後人又改此句耳。 西至於翼。

四月也。律中中呂。中呂言萬物盡旅而西行也。其於十二子爲巳。巳者言陽氣之已盡也。西至于張。西至於七星。按兩句今校正移易。西至于注。五月也。律中蕤賓。蕤賓者。言陰氣幼少。故曰蕤。痿陽不用事。故曰賓。景風居南方。景者。言陽氣道竟。故曰景風。其於十二子爲午。午者陰陽交。故曰午。其於十母爲丙丁。丙者言陽道著明。故曰丙。丁者言萬物之丁壯也。故曰丁。 西至于弧。西至于猳。按弧猳天官書西宮之星。六月也。律中林鐘。林鐘者。言萬物就死。氣林林然。其於十二子爲未。未者言萬物皆成。有滋味也。按未月無風名。西至于猳下。有涼風居西南維。錯簡也。馬驌繹史。史記考證。黃以周史說略八風攷。均未能訂正。

涼風居西南維。主地。按西南維坤也。坤爲地。故曰主地。 地者沈奪萬物氣也。按以上錯簡訂正移此。 北至於罰。按罰大官書。西宮星也。 北至於參。北至于濁。索隱按爾雅云。濁謂之畢。此句宜移易。 七月也。律中夷則。夷則言陰氣之賊萬物也。其於十二子爲申。申者言陰用事。申賊萬物。故曰申。 北至于留。索隱留即昴也。八月也。律中南呂。南呂者言陽氣之旅入藏也。其於十二子爲酉。酉者萬物之老也。故曰酉。閶闔方居西方。閶者倡也。闔者藏也。言陽氣道萬物闔黃泉也。其於十毋爲庚辛。庚者言陰氣庚萬物。故曰庚。辛者言萬物之辛生。 北至于胃。北至于婁。北至于奎。九月也。律中無射。無射者陰氣盛用事。陽氣無餘也。故曰無射。其於十二子爲戌。戌者言萬物盡滅。故曰戌。按戌月無風。故不言風。 此節文多脫簡。故訂正之。是亦起于坎也。

壬、以四維之風漸辰未戌丑無風之月說

十二月三月六月九月無風名。已詳於辛條。周禮保章氏以十有二風。察天地之和。命乖別之妖祥。鄭玄注。十有二辰。皆有風。吹其律以知其和不。其道亡矣。疏引通卦驗曰。八節之風。謂之八卦。又曰。三月。辰。六月。未。九月。戌。十二月。丑。皆不見風。惟有八風。以當八卦八節。乾之風漸九月。坤之風漸六月。艮之風漸十二月。巽之風漸三月。賈疏如此。喬松年以爲賈公彥括取通卦驗之意。而非通驗之文。是說頗疑之。所謂括取者。必有文可括。然後乃可取。今通卦驗全書。不能得其一字。則公彥何能括取。此可證爲通卦驗之佚文也。

癸、諸神名爲八風立說者

淮南子墬形篇曰。諸稽攝提。條風之所生也。注。諸稽攝提。天神之名也。艮爲條風。○爾雅太歲在寅曰攝提格。通視。明庶風之所生也。注。通視。天神也。明庶風卦之所生也。赤奮若。清明風之所生也。注。赤奮若。天神也。巽爲清明風。○爾雅太歲在丑曰赤奮若與此異。共工。景風之所生也。注。共工天神也。人面蛇身。離爲景風。諸比。涼風之所生也。注。諸比天神也。坤爲涼風。皐稽。閶闔風之所生也。注。皐稽。天神也。兌爲閶闔風。隅强。不周風之所生也。注。隅強。天神也。乾爲不周風。○山海經海外北經。北海內作禺彊。大荒北經儋耳國同。窮奇。廣莫風之所生也。注。窮奇。天神也。在北方道。足乘兩龍。其形如虎。坎爲廣莫風。

三

綜上諸說。可證八風與卦位有關。似無疑義。淸人治易。力闢易圖之說。以爲宋人所僞。讀此當知其非。今更總結如下。

一。各家起例。雖有不同。五行大義引太公兵書。顚倒錯亂。然以乙巳占證之。則五行大義誤也。餘皆相同。至起例有起於兌者。有起於乾者。有起於坎者。有起於艮者。有起於震者六說。若依說卦傳。帝出乎震一節證之。似起於震。依二十四節中。冬至爲十一月中。在卦爲復。在十二子爲子。陽氣初動。取其開於子。天者。陽也。似當起於坎。因卦之方位。雖一定不易。而二十四節中。有遲速之不同。閏餘成歲。則起於坎之冬至爲允。

二。風應八方。諸家無異說。要皆殊塗同歸。有以八方解之者。有以八節八卦解之者。有以八方八卦解之者。有以八方八卦八音解之者。有以八方八節八卦八音解之者。有以卦氣解之者。有以八方十二子。二十四節中。二十八舍解之者。因人事日繁。立說亦日密。至其起原。似先由四方。次及於八方。復及八卦。復由八卦而及於八音。其一說也。又有以四時。及於八節。由八節而後及於十二子。二十四節中。六十卦氣。七十二候。其說二也。（八風風向。在我國黃河揚子江兩流域。則應節而至。然地勢之高下。日光之強弱。其風之影響亦異。如雲南兩粵等處。八風之說。已不能適用。而南半球各地之風向。正與此相反矣。）

三。淮南子地形篇諸神之說。與爾雅十二子之太歲諸神有同者。亦有異者。爲原始神話之一種。王氷素問注。及乙己占所引者。據五行大義以爲太公兵書。實係風角也。

九宮撰略題辭

蔣竹莊

吾友沈君瓞民。纂校漢書律歷五行兩志。欲極其義。蓋有年矣。歲丁丑。蘇州淪陷。避地泰縣。相隔年餘。戊寅復會於上海。詢校兩志事。謂兩志皆誤解洪範「一曰水。二曰火。三曰木。四曰金。五曰土」之說。此則本原已舛。是正無方也。若欲窮究兩志。觀其會通。必治洪範與九宮。蓋洪範九宮之說不明。則兩志校讎多惑。兩志校讎多惑。則陰陽五行之學多誣。於是鉤致故籍。纂九宮撰。都四卷。數十萬言。詳於名物。攷於訓詁。成證確然。恐學者務慮。茫乎大義。乃刺取其要。成九宮撰略。十有八篇。其論九宮。追溯洛書之卦位。以闢坤無方位之謬。論中十。據通卦驗「八卦變象。皆在乎己」以演易之逆數。論參兩之數。以一三九七之根。爲參天之數。二四八六之根。爲兩地之數。據此倚數之學始備。論游宮。謂卽洪範之民極。逸詩之九變復貫。論九宮卽八卦。取證於劉徽九章算術序所謂「九九之術。以合六爻之變」論古人誤解生成之數。恃參兩倚數。辨管墨呂覽淮南及班志之譌。以明洪範「一曰水。二曰火」乃言序。非撰數也。此皆前儒所未及思理者。今則備矣。說有未浹。乃列圖以明之。可謂博稽而精思。憤求而能繼者也。中原喪亂。文獻遭水火兵刃者無算。學者著述。闕焉寡聞。

而瓞民滯居窮僻鄉壤。處困阨之境。人不堪其憂。獨能孜孜焉惟恐易道之一日或晦。奮筆成書。豈天之未喪斯文耶。余嘗謂宋晁景迂晚年避兵海陵。乃著周易太極傳諸書。世相推尊。今瓞民避地亦海陵也。所著亦易也。其境遇抑何肖耶。景迂諸書。惟易玄星紀譜猶存。僅取太玄星紀三者。演繹卦氣而已。於易實無所贊。蓋景迂師承涑水康節泰山諸儒。譽之者以爲青出於藍。夫卦氣雖爲易之一部。若合以星紀。固不足以言易之大。然由此亦概晁氏之學矣。景迂之譜。視瓞民之爲書。固不逮。然其志幾相伉。因綴言及之。以題其耑。民國二十七年孟冬愚弟蔣維喬序於因是齋

九宮撰略

（一）

沈瓞民

一　九宮之起源

九宮卽易之大衍。亦卽所謂洛書也。其名始見於乾鑿度云。「易一陰一陽。合而爲十五之謂道。」又云。「大一取其數。以行九宮。四正四維。皆合於十五。」路史註引壼子曰。「伏羲法八極。作八卦。黃帝作九竅。以定九宮。」後漢書張衡傳。「衡上書。臣聞聖人明審律歷。以定吉凶。重之以卜筮。雜之以九宮。」則九宮之名。昉自秦漢以上矣。

古人治九宮之學。直揭之曰九宮者。三國志吳志趙達傳云。「治九宮一算之術。」又抱朴子自叙云。「其河洛圖緯。一視便止。不得留意也。不喜星書。及算術九宮三棊遁甲六壬太乙之法。粗知其旨。又不研精。亦計此輩率是爲人用之事。同出身情。無急以此自勞役。不如省子書之有益。遂又廢焉。」

古人著書。直名之曰九宮者。見抱朴子遐覽篇。「九宮五卷。」九宮又謂之明堂。大戴禮盛德篇云。「明堂者。凡九室。二九四。七五三。六一八。」卽九宮之法也。白虎通辟雍。「天子立明堂者。所以通神靈。感天地。正四時。出教化。宗有德。重有道。顯有能。襃有行者也。明堂上圓下方。八窗四闥。布政之宮。在國之陽。上圓法天。下方法地。八窗象八風。四闥法四時。九室法九州。十二坐法十二月。三十六戶法三十六雨。七十二牖法七十二風。」白虎通天圓地方。十雨五風。其立說也。皆曲依今文學家之說。非也。夫三十六者。即三十六宮也。七十二者。即七十二候也。

古人著書以明堂稱者。漢書藝文志。「明堂陰陽三十三篇。」「明堂陰陽說五卷。」「周易明堂三十六卷。」卷帙浩繁則其學非簡單可知。有冠以周易者。可證明堂之說出於易也。

二　九宮之別名

九宮又謂之九疇。漢書班固自敘傳述五行志第七。「河圖命庖。洛書賜禹。八卦成列。九疇逌敘。李奇曰。河圖。即八卦也。洛書。即洪範九疇也。」則九疇之說。以洪範證之。夏商時已有之矣。九宮又謂之九丘。左傳昭十二年傳。「八索九丘。」後漢書張衡傳注云。「八卦之說。謂之八索。」李奇以洪範九疇爲洛書。疇與丘音通。則九丘爲九疇。復無疑。

九疇又謂之九章。漢書五行志。「河圖雒書。相爲經緯。八卦九章。相爲表裏。」論衡正說篇。「說易者。皆謂伏羲八卦。文王演爲六十四。夫聖人起。河出圖。洛出書。伏羲王。河圖從河水中出。易卦是也。禹之時得洛書。嘗從洛水中出。洪範九章也。」是九章卽九疇可知矣。以河圖配八卦。洛書配九章。吾國數學。莫古於九章。是九章取數。九宮亦取數。是一而非二也。

九宮又謂之九鴻。九皇。九房。鶡冠子泰錄「入論泰鴻之內。出觀神明之外。定制泰一之衷。以爲物稽。天有九鴻。地有九州。泰一之道。九皇之傳。請成於泰始之末。見不詳事於名理之外」又泰鴻篇「九皇殊制。而政莫不效焉」後漢書劉瑜傳「桓帝延熹八年上書曰。河圖後嗣。正在九房」鴻與宮皇與房音通也。

九宮又謂之九洛。莊子天運篇「巫咸袑曰。求吾語女。天有六極五常。帝皇順之則治。逆之則凶。九雒之事。治成德備。監照下土。天下載之。此謂上皇」注。九洛卽洪範九疇。禹時洛出之書。

九宮又謂合宮。合卽四正四維皆合於十五之合也。尸子君治篇。黃帝曰合宮。有虞氏曰總章。殷人曰陽館。周人曰明堂。皆所以名休其善也。文選東都賦注引「尸子曰觀黃帝之行於九宮。觀堯舜之行於總章」綜以上諸說觀之。名雖異而實則同。不過洛書言其體。九宮明其用耳。由此可知繫辭是故易有太極一節。是言八卦也。大衍之數五十一節。是言九宮也。在易言以太極爲體。八卦爲用。在九宮言以大衍爲體。四正四維爲用。知此旨。則八卦九宮之別。不難分明矣。

三　由九宮追溯洛書之卦位

說卦傳曰「帝出乎震。齊乎巽。相見乎離。致役乎坤。說言乎兌。戰乎乾。勞乎坎。成言乎艮。」此言洛書卦位也。清儒胡渭輩以爲易無圖誤矣。讀此知不必有圖而圖自明矣。

視圖其位其序。表而出之。卽圖也。又曰「萬物出乎震。震東方也。齊乎巽。巽東南也。齊也者。言萬物之潔齊也。離也者。明也。萬物皆相見。南方之卦也。聖人南面而聽天下。嚮明而治。蓋取諸此也。坤也者。地也。萬物皆致養焉。故曰致役乎坤。兌。正秋也。萬物之所說也。故曰說言乎兌。戰乎乾。乾西北之卦也。言陰陽相薄也。坎者。水也。正北方之卦也。勞卦也。萬物之所歸也。故曰勞乎坎。艮東北之卦也。萬物之所成終而所成始也。故曰成言乎艮。」讀此則八卦方位不必有圖而亦瞭然矣。

視圖坤雖未言方位。以類推之。其位西南可知。恐文有錯簡也。先子周易易解云。「此節聖人南面而聽天下三句。全文氣不貫。疑漢人竄入也。」祖緜嘗攷初學記二十五引風俗通。

「夫火者南方。陽光耀爲明。聖人嚮之而治。取其象也。」應氏未言引易。申鑒時事篇「天子南面而聽天下。嚮明而治。蓋取諸離。天之道也。月正聽朝。國家之大事也。宜正其儀。以明舊典。」荀氏亦未言引易。吳志虞翻傳注引翻別傳「翻奏曰。孔子曰。乾元用九而天下治。聖人南面。蓋取諸離。斯誠天子所宜協陰陽。致麟鳳之道矣。則聖人南面。蓋取諸離」集解引其注。惟其文是否在此節。亦不能證也。蔡邕明堂月令論「明堂者。大子太廟。所以宗祀其主。以配上帝者也。夏后氏曰世室。殷人曰重屋。周人曰明堂。東曰青陽。南曰明堂。西曰總章。北曰玄堂。中央曰太室。易曰離也者。明也。南方之卦也。聖人南面而聽天下。嚮明而治。人君之位莫正於此焉。故雖有五名。而主以明堂也。」近出漢熹平石經周易殘石。猶存此文。嚮亦作鄉。與邕文同。此三句邕定石經時。亦未能訂證之也。以此例彼。則坤方位其爲脫簡。復無疑。近人以爲坤無方位。實不知舉一反三之意耳。初學記二引易說曰。「坤西南。主立秋。」京房易占曰。「坤西南。主立秋。」是明證。

南方 離
西南 坤
正秋 兌
西北 乾
正北 坎
東北 艮
東方 震
東南 巽

四　九宮之數

九宮之方位。卽洛書之方位。上章已言之矣。乾鑿度曰。「太一取其數以行九宮。」九宮重在數可知。大戴禮盛德篇載明堂說。言其數曰。「二九四。七五三。六一八。」其數如下圖。

四	九	二
三	五	七
八	一	六

視圖以洛書方位參觀之。二字爲坤。九字爲離。四字爲巽。七字爲兌。五字爲皇極。三字爲震。六字爲乾。一字爲坎。八字爲艮。可推知之矣。惟洛書雖未明言中五。而中五亦隱然在中矣。乾鑿度謂四正四維皆合十五。一九三七者。四正也。二八四六者四維也。然非五無以顯十五之數。非五無以致十五之用。故九宮重在五者。此也。繫辭傳曰。「天一地二。天三地四。天五地六。天七地八。天九地十。」又曰。「天數五。地數五。五位相得而各有合。天數二十有五。地數三十。凡天地之數五十有五。此所以成變化而行鬼神也。」則一二三四五六七八九十之數。九疇之所以成也。中五者卽大衍之數。在洪範謂之皇極。古人以大極與太一太乙爲一事。大誤也。禮禮運曰。「禮始于大一。始者事之始也。」凡數始于一。坎數一。則太一者坎也。呂氏春秋大樂篇云。「太一生兩儀。」以太一誤爲太極矣。淮南子本經訓云。「帝者體太一。」亦以太一爲太極矣。蓋當時作者未察。誤以極與一乙音通。以爲太極卽太一。亦卽太乙也。不知三者。義各有別。太極者。在卦未畫之前。太一太乙在卦已畫之後。如是則界限方淸。坎數一。則

太一坎也。震卦三氣有乙。則太乙。震氣也。五行大義「引黃帝九宮經云。太一之始。始于坎宮。」又曰「太一在坎宮」此明證也。古者以太一爲坎。太乙爲震。太玄爲離。太白爲兌。明乎此。則知極與一乙之別矣。子華子大道篇曰。「五居中宮。以制萬物……中略……是以二與四。抱九而上躋也。六與八。蹈一而下沉也。載九而履一。據三而持七。五居中宮。數居所由生。一從一橫。數之所由成。故曰天地之數。莫過乎五。莫中乎五。通乎此。則條達而無礙者也」一二與四抱九而上躋者。卽大戴禮所謂二九四也。六與八蹈一而下沉者。卽大戴禮所謂六一八也。戴九而履一者。卽離坎相負。指南北也。據三而持七者。卽震兌相對。指東西也。以據三而持七五據中宮。連讀之卽大戴禮所謂七五三也。則九宮之數自明。

楊雄太玄經曰。「一與六共宗。二與七共朋。三與八成友。四與九同道。五與五相守。」所謂宗。所謂朋。所謂友。所謂道。所謂守。皆指五也。所謂共。所謂同。所謂成。所謂相。皆指五與其他諸數之運用也。列圖如下。

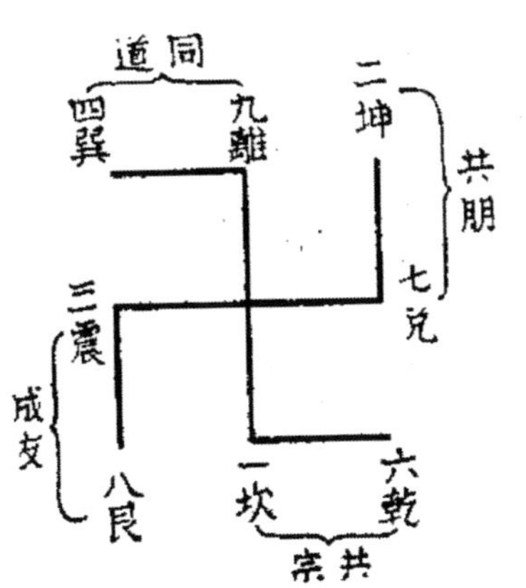

一六共宗者。卽乾六減五爲一。坎一加五爲六也。二七共朋

同道
四巽　九離　二坤
共朋
三震　七兌
成友
八艮　一坎　六乾
共宗

者。即兌七減五爲二。坤二加五爲七也。三八成友者。即艮八減五爲三。震三加五爲八也。四九同道者。即離九減五爲四。巽四加五爲九也。五五相守者。即等於零也。或作五十同途。

五　論中五

樂緯云「象天心。定禮樂。」六韜王翼篇云。「天文三人。主司星曆。候風氣。推時日。考符驗。校災異。知天心去就之機。」所謂天心。即中五也。管子幼官篇暨幼官圖云。中方本圖云。「五和時節。君服黃色。……用五數。飲於黃后之井。……發善必審於密。執威必明於中。此居圖方中。」易傳云。「退藏於密。」宋儒以密爲中五。今之治漢學者。以爲不典而不知出此。抑何陋也。子華子陽城胥渠問云。「上赤之象。其宮成離。下黑之象。其宮成坎。夫兩端之所以平者。以中存乎其間故也。中名未立。兩端不形。是以坎離斡乎中氣。中天地而立。生生萬物。新新而不窮。」鶡冠子王鐵篇云。「天用四時。地用五行。天子執一以居中央。」淮南子天文篇曰。「黃者。土德之色。」論衡驗符篇云。「黃爲土色。位在中央。」又云。「孝武孝宣時。黃龍皆出。黃龍比出。於茲爲四。漢竟土德也。賈誼創議於文帝之朝。云漢色當尙黃。數以五爲名。賈誼智囊之臣。云色黃數五。土德審也。」古人言中五者甚多。茲言其概。九宮之關鍵。皆在中五。洪範以皇極名之。皇大也。皇極。即大極也。較之他書定名爲勝。

六　九宮之立成

中五既明。夫然後可知九宮之立成。論語所謂五十學易是也。五與十爲何物。皇侃疏已發其端。史記五十作彬彬。彬彬者備也。說文彬作份。文質備也。是數之備。莫備於五十。故彬彬卽五十之意。何晏論語注。「彬彬文質相半之貌也。」後漢書馮衍傳注。引鄭注「彬彬雜半貌。所謂半者卽一九也。二八也。三七也。四九也。在五立極之外皆雜半也。易曰。玄黃者。天地之雜也。雜訓合。蓋一九也。二八也。三七也。四六也。分則半。合則備。故史記作彬彬者。亦五十之意。爾義詳下論游宮。乾鑿度云。「易一陰一陽合而爲十五之謂道。」又云。「故太一取其數以行九宮。四正四維。皆合於十五。」鄭玄注云。（原書鄭注似有錯簡。今參後漢書張衡傳注。引鄭說。）「太一者北辰神名也。下行八卦之宮。每四乃還於中央。中央者北辰之所居。故謂之九宮。天數大分。以陽出。以陰入。陽起於子。陰起於午。是以太一下九宮。從坎宮始。自此而從於坤宮。又自此而從於震宮。又自此而從於巽宮。所行半矣。還息於中央之宮。既又自此而從於乾宮。又自此而從於兌宮。又自從於艮宮。又自此而從於離宮。行則周矣。上游息於太一天一之星。而反於紫宮。行從坎宮始。終於離宮」。據此可知中央之宮爲皇極。太一下行九宮。從坎宮始。卽數起于一。則太一爲坎也。如此飛宮之法。漢時已行之。所謂九宮者。終於離宮。復從坎宮始。離九坎一也。陽起於子者。子在坎宮。坎爲陽。其數一。故曰起於子。陰起於午者。午在離宮。離爲陰。故曰起於午。至於四正四維皆合於十五者。列圖如下。

巽四	離九	坤二
震三	中五	兌七
艮八	坎一	乾六

上下縱橫八組。相加之數爲十五。如離九巽四坎二相加爲十五。寫成 9+4+2=15

橫式
2+9+4=15
7+5+3=15
6+1+8=15

縱式
2+7+6=15
9+5+1=15
4+3+8=15

交式
2+5+8=15
4+5+6=15

又四維乾巽艮坤
6+1+7=14
4+3+9=16
8+3+1=12
2+7+9=18

以公式觀之。在四維。其數根仍爲二四六八之偶數。如乾宮之和爲十四。去十不用。得四。卽巽四也。巽宮之和爲十六。去十得六。卽乾六也。艮宮之和爲十二。去十得二。卽坤二也。坤宮之和爲十八。卽艮八也。其數乾巽互易。坤艮互易。卽逆數也。與中五。皆合於十五也。如式。縱橫交三者。皆合於十五。則五十學易之說。可以明矣。鶡冠子泰鴻篇云「泰一者。執大同之制。調泰鴻之氣。正神明之位者也。故九星之受傳。以索其然之所生。傳謂之得天之解。傳謂之天地之所始。傳謂之道。傳謂之聖人。聖人之道與神明相得。故曰道德。郄始窮初。得齊之所出。九星殊制。而政莫不效焉。故曰泰一。」其說以九宮。

爲九皇。以泰潟爲中五。泰一爲郡始窮初。則爲坎一矣。然其說窈窈冥冥。淺人讀之。不能得其眞諦。實言四正四維。皆合於十五也。

攷歐美有玄妙方形圖（Das magische Quadrat, magic square）相傳其圖來自印度。縱橫交式相加。亦爲十五。其圖如下。

2	7	6
9	5	1
4	3	8

●上圖可分上下縱橫共八組。

2+7+6=15
9+5+1=15
4+3+8=15
橫式

6+1+8=15
2+9+4=15
7+5+3=15
縱式

2+5+8=15
6+5+4=15
交式

玄妙方形圖。與中五立成圖相比較。則玄妙方形之橫式。卽中五之縱式。玄妙方形之縱式。卽中五之橫式。交式四維式。與中五相同。

6+1+7=14
4+3+9=16
8+3+1=12
2+7+9=18　四維式

中五立成圖。可變爲三圖。列排如下。

2	7	6
9	5	1
4	3	8

圖一

6	1	8
7	5	3
2	9	4

圖二

8	3	4
1	5	9
6	7	2

圖三

4	9	2
3	5	7
8	1	6

圖四

圖一爲玄妙方形圖。卽三乘圖四。去十不用所得數也。如三乘一則坎宮爲三。三乘八爲二十四。去二十不用。艮宮四也。三乘三爲九震宮九也。三乘四爲十二去十不用得二巽宮也。三乘九爲二十七。去二十不用得七離宮七也。三乘二爲六坤宮六也。三乘七爲二十一。去二十不用得一。兌宮一也。三乘六爲十八。去十不用得八乾宮八也。由此可知玄妙方形圖卽中五立成也。圖二爲九乘圖四。去十不用。所得之數也。亦卽五入中逆行圖。圖三爲七乘圖四。去十不用所得之數也。圖四爲九宮之數。惟其組織。及去十不用之原理。恐西人未知之耳。

九宮撰略

沈瓞民

（二）論中十

七

洛書之數。四十有五。繫辭所謂「天數二十有五。地數三十。天地之數。五十有五。」是兼己十言也。與漢書律歷志「以五乘十。爲大衍之數。」數同而理異也。蓋大衍之數。周流六虛者爲五十。用則四十有九。洛書加以己十。卽天十也。方合天地之數。是一言數。一言用。數與用有別焉。」廣成子曰。「今夫百昌。皆生於土。而反於上。」夫土生之者。五也。反之者。十也。周禮地官媒氏疏。「引鄭玄注云。天地之數。備於十。」故非十。無以形天地之數。何以故。如下圖。

四	九	二
三	五	七
八	一	六

以十減之如下圖

六	一	八
七	五	三
二	九	四

視圖其數。適於九宮之數相反。故曰而反於土。通卦驗云「八卦變象。皆在乎己。」己十也。卽中十之數在易謂之逆數。說卦傳曰「水火相逮。雷風不相悖。山澤通氣。然後變化旣成萬物也。」此與上文「天地定位。山澤通氣。雷風相薄。水火不相射。」文似而理異。蓋後者言逆數。自來註易者。惟崔憬發其端。因水火相逮。卽一九也。由一行九。故曰相逮。雷風不相悖。卽三四也。由三行四。故曰不相悖。山澤通氣。八七也。由八行七。故曰通氣。與天地定位一章。八卦相錯者。實不相同。

九乘九宮之數與十減四正四維之數相等。蓋九者數之終。故得逆數。其用始備。今人呼戊五己十。出參同契之戊己中宮也。又漢人言五六天地之中合。言十日也。(卽十干)如甲一。乙二丙三丁四戊五己六庚七辛八壬九癸十。是言十日之次第。與九宮致用者異也。不可混而爲一。

八　參兩之數

說卦傳曰。「參天兩地而倚數。」天者奇。地者偶。奇者一三七九也。偶者二四六八也。將奇偶分而爲二。然後合之則九宮成立之數可推而知矣。

甲　奇數

如圖卽參天之數也。天指奇數。始於一。一者奇數之母也。將一而參之。三也。將三而參之。九也。將九而參之。二十七也。去二十不用。七也。將二十七而參之。八十一也。去八十不用。一也。將八十一而參之。二百四十三也。去二百四十不用。三也。以此類推。周而復始。至無窮數。其根終不能離一三九七原數。如下圖。

九
七　五　三
一

3×9=27
3×729=2187
3×59049=177147
3×472969=1434807
3×27=81
3×2187=6561
3×177147=531441
3×3=9
3×243=729
3×19683=59049
3×1594323=4782969

離九
兌七　震三
坎一

一原數

1×3=3
3×81=243
3×6561=19683
3×581441=1594323

乾鑿度云。「易變而爲一。一變而爲七。七變而爲九。九者氣變之究也。乃復變而爲一。」一是由坎而兌。由兌而離。原文中脫由離而震。由震而坎二事也。易云。參天之參。卽今數學之乘三意。復以一三九七之數。以一乘奇數。仍爲原數。以三乘奇數。如下圖。

9×3=27
7×3=21　九　七　一　三　3×3=9
1×3=3

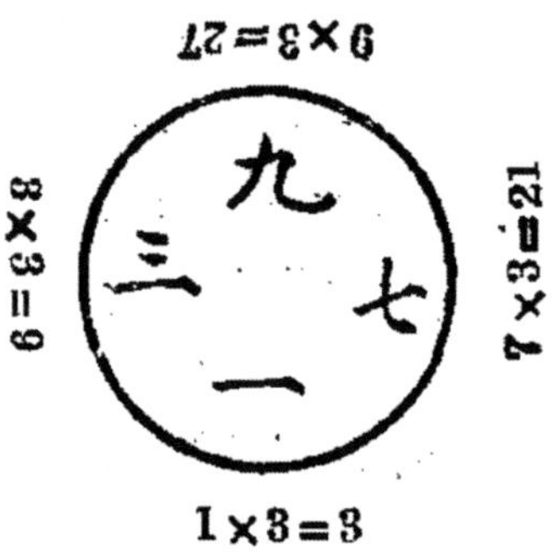

則坎方爲三。震爲九。離爲二十七。去二十得七。兌方爲二十一。去二十得一。仍爲一三九七原數。

復以九乘奇數。如下圖。

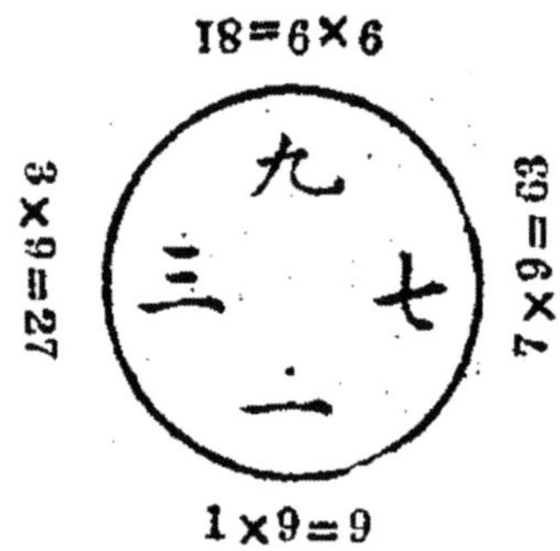

9×9=81
7×9=63　九　七　一　三　3×9=27
1×9=9

則坎方爲九。震方爲二十七。去二十得七。離方爲八十一。去八十得一。兌方爲六十三。去六十得三。仍爲一三九七原數。

再以七乘奇數。如下圖。

$9\times7=63$

九

三　　七

一

$3\times7=21$　　$7\times7=49$

$1\times7=7$

則坎方爲七。震方爲二十一。去二十得一。離方爲六十三。去六十得三。兌方爲四十九。去四十得九。仍爲一三九七原數。

觀以上各圖。雖四正之位得數各有不同。然不能出一三九七之奇數也。

乙　偶數

四	二
八	六

如圖卽兩地之數。地指偶數。始於二。二者。偶數之母也。將二而兩之。四也。將四而兩之。八也。將八而兩之。十六也。去十不用。六也。將十六而兩之。三十二也。去三十不用。二也。以此類推。周而復始。至無窮數。終不離二四六八原數。如下圖。

易云兩地之數。即今之數學乘兩意。復以二四六八之數。以二乘之。結果仍爲原數。以二乘偶數。如下圖。

二原數

巽四	坤二
艮八	乾六

2×8192=16384

2×512=1624　　2×4096=8192

2×32=64　　2×256=512

2×2=4　　2×16=32

2×4=8　　2×8=16

2×64=128　　2×128=256

2×1024=2048　　2×2040=4096

2×16384=32768　　2×32768=65536

則坤方爲四。巽方爲八。艮方爲十六。去十得六。乾方爲十二。去十得二。仍爲二四八六原數。

復以四乘偶數。如下圖。

4×2=8　　2×2=4

四	二
八	六

8×2=16　　6×2=12

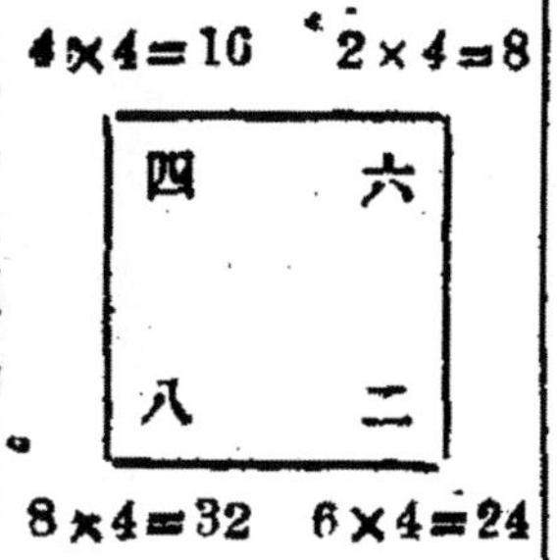

$4\times4=16$	$2\times4=8$
四	六
八	二
$8\times4=32$	$6\times4=24$

則坤方爲八。巽方爲十六。去十得六。乾方爲二十四。去二十得四。艮方爲三十二。去三十得二。仍爲二四八六原數。

復以八乘偶數。如下圖。

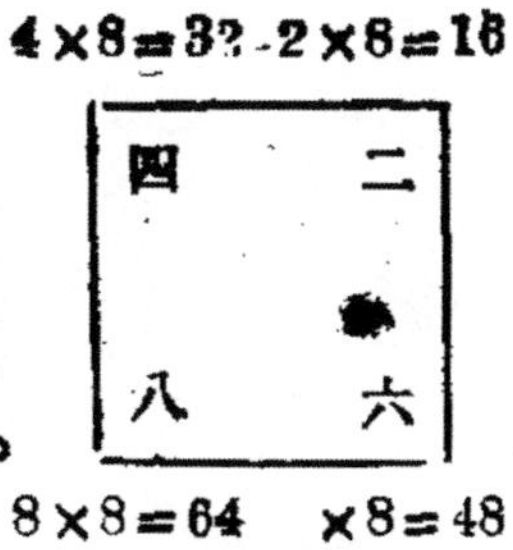

$4\times8=32$	$2\times8=16$
四	二
八	六
$8\times8=64$	$\times8=48$

則坤方爲十六。去十得六。巽方爲三十二。去三十得二。艮方爲六十四。去六十得四。乾方爲四十八。去四十得八。仍爲二四六八原數。

復以六乘偶數。如下圖。

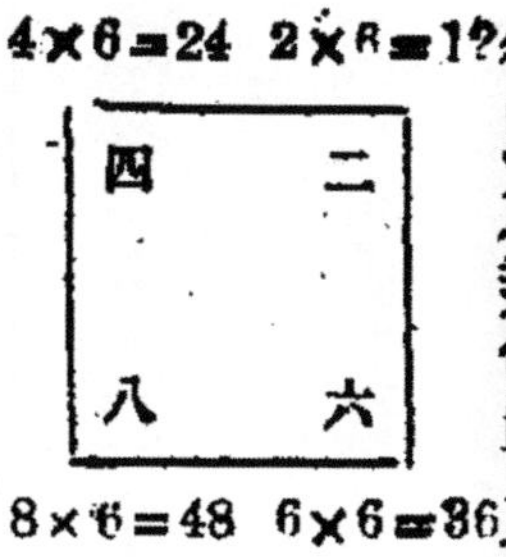

$4\times6=24$	$2\times6=12$
四	二
八	六
$8\times6=48$	$6\times6=36$

則坤方爲十二。去十得二。巽方爲二十四。去二十得四。艮方爲四十八。去四十得八。乾方爲三十六。去三十得六。仍爲二四八六原數。

觀以上各圖。四維之位得數各有不同。然不能出二四八六之偶數也。其說宋儒趙汝楳已言之。

丙 奇偶互乘

奇數變偶數。偶數變奇數。卽近代微積分函數變化者也。知二爲偶數。乘奇數。如下圖。

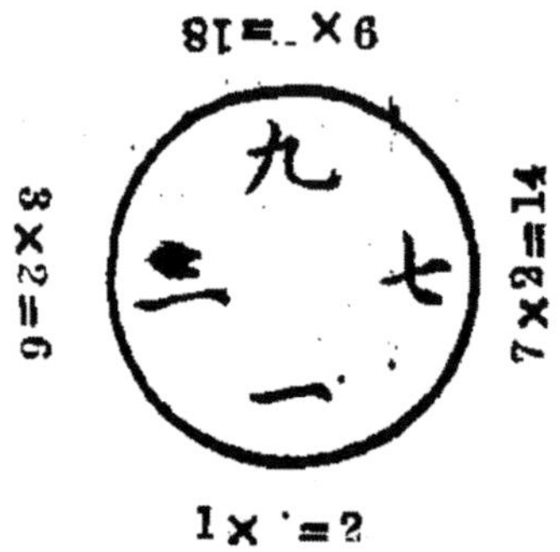

9×2=18

九

七 7×2=14

三 3×2=6

一

1×2=2

坎方爲二。震方爲六。離方爲十八。去十得八。兌方爲十四。去十得四。所得之數爲二六八四偶數。

四爲偶數乘奇數。如下圖。

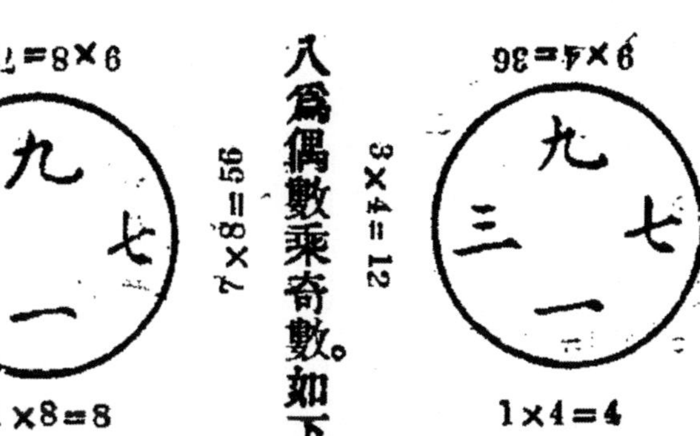

坎方為四。震方為十二。去十得二。離方為三十六。去三十得六。兌方為二十八。去二十得八。所得之數為四二六八偶數。

八為偶數乘奇數。如下圖。

坎方為八。震方為二十四。去二十得四。離方為七十二。去七十得二。兌方為五十六。去五十得六。所得之數為八四二六偶數。

六為偶數乘奇數。如下圖。

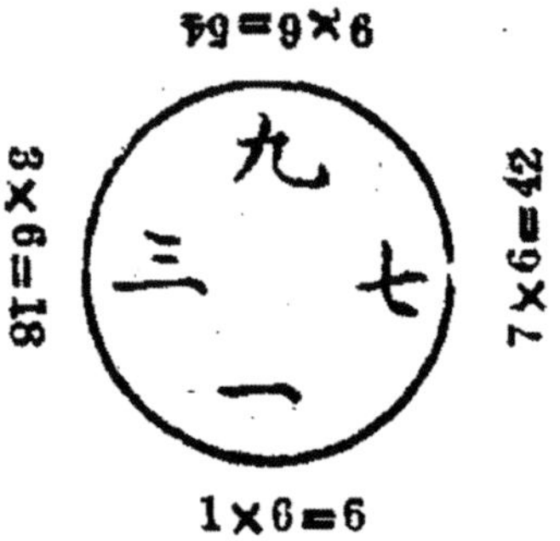

坎方爲六。震方爲十八。去十得八。離方五十四。去五十得四。兌方四十二。去四十得二。所得之數。爲六八四二偶數。

9×6=54　7×6=42　3×6=18　1×6=6

九　七　三　一

如一爲奇數。乘偶數。仍爲原數。

三爲奇數。乘偶數。如下圖。

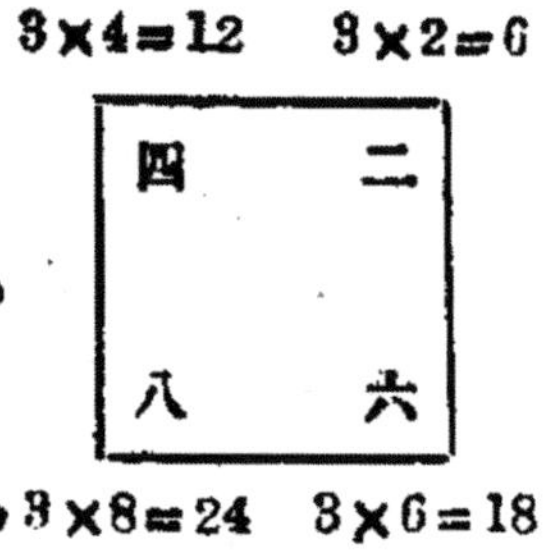

3×2=6　3×4=12　3×6=18　3×8=24

二　四　六　八

則坤方爲六。巽方爲十二。去十得二。艮方爲二十四。去二十得四。乾方爲十八。去十得八。所得數爲六二四八。

九爲奇數。乘偶數。如下圖。

4×9=36	2×9=18
四	二
八	六
8×9=72	8×9=54

則坤方爲十八。去十得八。巽方爲三十六。去三十得六。艮方爲七十二。去七十得二。乾方爲五十四。去五十得四。所得數爲八六二四。

七爲奇數。乘偶數。如下圖。

7×4=28	7×2=14
四	二
八	六
7×8=56	7×6=42

則坤方爲十四。去十得四。巽方爲二十八。去二十得八。艮方爲五十六。去五十得六。乾方爲四十二。去四十得二。所得數爲四八六二。

觀以上甲乙丙三者。以奇乘奇。得奇數。以偶乘偶得偶數。以偶乘奇得偶數。可見以奇乘偶亦得偶數。如九乘九宮各數。即爲九宮逆數。與九宮數互合十也。以三七兩數各乘九宮數。互合十也。二八與四六。亦然。孔子家語執轡篇云「子夏問於孔子曰。商聞易之生人及萬物鳥獸昆蟲。各有奇耦氣分不同。而凡人莫知其情。唯達德者能原其本焉。天一地二人三。三三爲九。九九八十一。一主日。日數十。故人十月而生。八九七十二。偶以從奇。奇主辰。辰爲月。月主馬。故馬十二月而生。七九六十三。三主斗。斗主狗。故狗三月而生。六九五十四。四主時。時主豕。故豕四月而生。五九四十五。五爲音。音主猿。故猿五月而生。四九三十六。六主律。律主鹿。故鹿六月而生。三九二十七。七主星。星主虎。故虎七月而生。二九一十八。八主風。風主蟲。故蟲八日而生。其餘各從其類矣。」淮南子地形篇說同。漢人言易者皆主此說。卽九乘九宮各數。去十不用是也。惟文中三三爲九句下有脫字。

九　論游宮

游宮者。非中五之位。乃一二三四六七八九入中者是也。九宮以變通爲主。繫傳曰。「變通者。趣時者也。」五在中者。卽洪範之皇極。一二三四六七八九諸字在中者。卽洪範所謂民極。其理在會其有極歸其有極八字之中。亦卽禮所謂民極。詩所謂四方之極是也。詩鄭箋極中也。其義墉中庸曰。「天命之謂性。率性之謂道。」又曰。「致中和天地位焉。萬物育焉。」治宋學者。性與道。解釋多不分明。又以中爲無極。以和爲太極。其說殊誤。易曰。「易有太極。」太極卽性也。又云。「太極生兩儀。」又云。「一陰一陽之謂道。」兩儀太極所生。卽一陰一陽。陰陽和。然後萬物生。陽善陰惡。是指孤陽獨陰也。陰陽能致中和。始可謂之道。古人性善性惡性無分於善不善之三說。皆未明率性之理也。中和兩字中庸云「中也者天下之大本也。和也者天下之達道也。」是大本爲立極達道爲對待無疑義。若由虛課實在九宮論。中也者卽五入中之謂也。和也者卽二八一七四六一九入中之謂也。子華子陽城胥渠問曰。「上決而成天下決而成地。既已決也。命之曰中。決必有所合也。命之曰和。中和立同萬物化生。天是之謂三三六六。」是言五入中謂之中。一二三四六七八九入中者。謂之和。三三者九也。六六者三十六也。四除三十六亦九也。鶡冠子環流篇云。「陰陽不同氣。然其和同也。」淮南子主術訓云「明堂之制有蓋而無四方。風雨不能襲。寒暑不能傷。遷延而入之。養民以公。其民樸重端慤。不忿爭而財足。不勞形而功成。因天地之資。而與之和同。」所謂和同者。卽變通之謂也。知其變通。則消息盈虛之理盡之矣。

洪範所謂皇極民極者。卽九變之謂也。漢書武帝紀云「元朔元年。詔曰。朕聞天地不變。不成施化。陰陽不變。物不暢茂。易曰通其變。使民不倦。詩云。九變復貫。知言之變。」此九變卽游宮之明證也。惟當知變雖九。而變之錯綜僅有五而已。所謂五者。一曰五入中。二曰一與九入中。三曰二與八入中。四曰三與七入中。五曰四與六入中。如下說。

甲 一九

一九即坎離。坎一離九合而爲十也。觀一在中之圖與九在中之圖合參之。則流轉之理始明。

一在中其圖如下。

巽九	離五	坤七
震八	中一	兌三
艮四	坎六	乾二

圖一

中一與坎六。合成一六共宗。

7+5+9=21
3=1+8=12
2+6+4=12 } 橫式

7+3+2=12
5+1+6=12
9+8+4=21 } 縱式

7+1+4=12
2+1+9=12 } 交式

2+3+6=11
9+5+8=22
4+8+6=18
7+3+5=15 } 四維

其數爲十二。二十一。至四維則二奇二偶。

九在中其圖如下。

巽八	離四	坤六
震七	中九	兌二
艮三	坎五	乾一

圖二

中九與離四，合成四九爲友。

6+4+8=18
2+9+7=18
1+5+3=19 } 橫式

6+2+1=9
4+9+5=18
8+7+3=18 } 縱式

6+9+3=18
1+9+8=18 } 交式

1+2+5=8
8+7+4=19
3+5+7=15
6+4+2=12 } 四維

其數爲九十八。至四則制二奇二偶。

一在中之數與九入中之數。其參伍錯綜如。

圖一第一橫式與圖二第三橫式相加爲三十
圖一第二橫式與圖二第二橫式相加爲三十
圖一第三橫式與圖二第一橫式相加爲三十

九宮撰略

圖一第一縱式與圖二第三縱式相加爲三十
圖一第二縱式與圖二第二縱式相加爲三十
圖一第三縱式與圖二第一縱式相加爲三十
圖一坤交式與圖二坤交式相加爲三十
圖一巽交式與圖二巽交式相加爲三十
圖一乾維與圖二巽維相加爲三十
圖一巽維與圖二乾維相加爲三十
圖一艮維與圖二坤維相加爲三十
圖一坤維與圖二艮維相加爲三十

以上和皆爲三十。折半爲十五。其關鍵仍在逆數之作用。亦卽己十之作用也。

如一在中之圖。與九在中逆數之圖加之。其數皆十也。

九	五	七
八	一	三
四	六	二

一	五	三
二	九	七
六	四	八

上圖坎六與下圖坎四相加爲十。上圖離五與下圖離五相加爲十。餘類推可知。

如九在中之圖。與一在中逆數之圖加之。其數亦十。

八	四	六
七	九	二
三	五	一

二	六	四
三	一	八
七	五	九

例同上。

觀上四圖。可悟己十之理。

乙　二八

二八卽坤艮。坤二艮八。亦合十也。觀二在中之圖。與八在中之圖合參之。流轉之功用始悟。二在中之圖如下。

巽七	離六	坤八
震九	中二	兌四
艮五	坎七	乾三

圖三

中二與坎七。合成二七共朋。

1+6+8=15
9+2+4=15
5+7+ =15
横式

8+4+3=15
6+2+7=15
1+9+5=15
縱式

8+2+5=15
1+2+3=6
交式

3+4+7=14
1+6+9=16
5+9+7=21
8+6+4=18
四維

其數爲六。十五。至四維一奇三偶。

八在中其圖如下。

巽七	離三	坤五
震六	中八	兌一
艮二	坎四	乾九

圖四

中八與離三。合成三八成友。

7+3+5=15
6+8+1=15
2+4+9=15
横式

5+1+9=15
3+8+4=15
7+6+2=15
縱式

5+8+2=15
7+8+9=24
交式

9+1+4=14
7+6+3=16
2+4+6=12
5+3+1=9
四維

其數爲十五。二十四。至四維爲一奇三偶。

圖三第一横式與圖四第三横式相加爲三十
圖三第二横式與圖四第二横式相加爲三十
圖三第三横式與圖四第一横式相加爲三十
圖三第一縱式與圖四第三縱式相加爲三十
圖三第二縱式與圖四第二縱式相加爲三十
圖三第三縱式與圖四第一縱式相加爲三十
圖三坤交式與圖四坤交式相加爲三十
圖三巽交式與圖四坤交式相加爲三十
圖三乾維與圖四巽維相加爲三十
圖三巽維與圖四乾維相加爲三十
圖三艮維與圖四坤維相加爲三十
圖三坤維與圖四艮維相加爲三十

二圖其參伍錯綜。如下。

以上相爲三十。折半數十五。其關鍵仍在逆數之作用。亦己十之作用也。

如二在中之圖。與八在中逆數之圖合參之。當知其理矣。

一	六	八
九	二	四
五	七	三

九	四	二
一	八	六
五	三	七

例同一九二圖合十。

如八在中之圖。與二在中逆數之圖加之。其數亦合十。

七	三	五
六	八	一
二	四	九

三	七	五
四	二	九
八	六	一

例同上。

觀以上各圖。可知二八合十之功用。

丙　三七

三七卽震兌。震三兌七合而爲十也。三在中之圖與七在中之圖合參之。則流轉之理始明也。

三在中圖在下。

巽二	離七	坤九
震一	中三	兌五
艮六	坎八	乾四

五圖

中三與坎八。合成三八成友。

2+7+9=18
1+3+5=9
6+8+4=18 } 橫式

9+5+4=18
7+3+8=18
2+1+6=9 } 縱式

9+3+6=18
2+3+4=9 } 交式

4+5+8=17
2+7+1=10
6+1+8=15
9+5+7=21 } 四維

其數爲九十八。四維爲三奇一偶。而其數與九入中之數同。因三爲九之三倍數。故其數中有九也。

七在中之圖如下。

巽六	離二	坤四
震五	中七	兌九
艮一	坎三	乾八

六圖

中七與離二合成二七同道。

6+2+4=12
5+7+9=21
1+3+8=12 } 橫式

4+9+8=21
2+7+3=12
6+5+1=12 } 縱式

4+7+1=12
6+7+8=21 } 交式

8+3+9=20
6+5+2=13
1+5+3=9
4+2+9=15 } 四維

其數爲十二二十一。與一入中之數相同。因三七爲二十一。故其數中有二十一也。至四維則三奇一偶。

二圖其參伍錯綜如下

圖五第一橫式與圖六第三橫式相加爲三十
圖五第二橫式六圖六第二橫式相加爲三十
圖五第三橫式與圖六第一橫式相加爲三十
圖五第一縱式與圖六第三縱式相加爲三十
圖五第二縱式與圖六第二縱式相加爲三十
圖五第三縱式與圖六第一縱式相加爲三十

圖五坤交式與圖六坤交式相加爲三十
圖五巽交式與圖六巽交式相加爲三十
圖五乾維與圖六巽維相加爲三十
圖五巽維與圖六乾維相加爲三十
圖五艮維與圖六坤維相加爲三十
圖五坤維與圖六艮維相加爲三十

以上和皆三十。折半十五。其關鍵仍在逆數之作用。如三在中順行。與七在中逆行加之。所得者爲十。如下圖。

二	七	九
一	三	五
六	八	四

八	三	一
九	七	五
四	二	六

例同上。

如七在中之圖。與三在中逆數圖相加。其數亦十。如下。

六	二	四
五	七	九
一	三	八

四	八	六
五	三	一
九	七	二

例同上。

觀以上各圖。可知己十之理。

丁　四六

四六卽巽乾。巽四乾六合而爲十也。觀四在中之圖。與六在中之圖合參之。當悟其流轉之理。

四在中其圖見下。

巽三	離八	坤一
震二	中四	兌六
艮七	坎九	乾五

圖七

中四與坎九。合成四九同道。

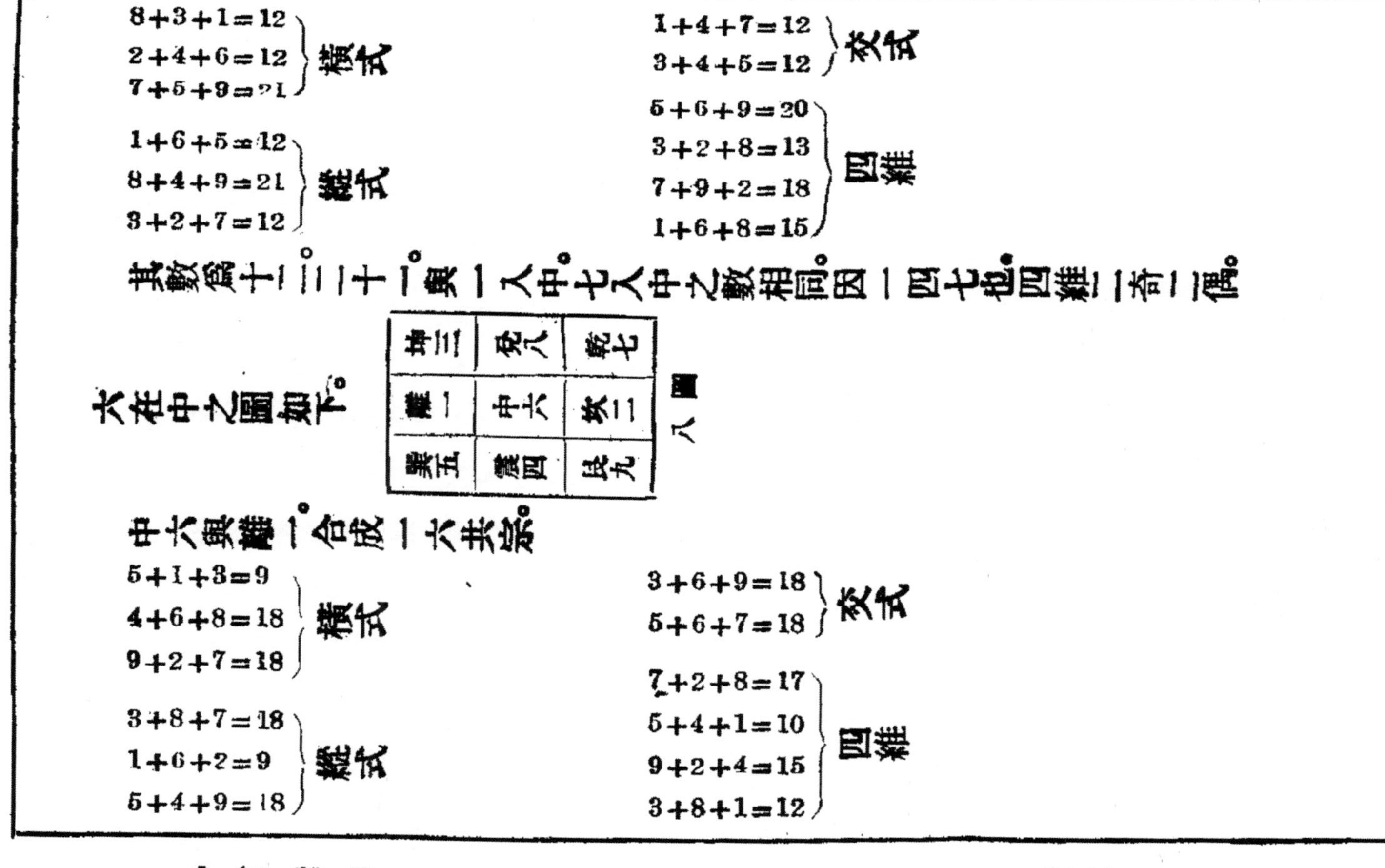

8+3+1=12
2+4+6=12
7+5+9=21
橫式

1+6+5=12
8+4+9=21
3+2+7=12
縱式

1+4+7=12
3+4+5=12
交式

5+6+9=20
3+2+8=13
7+9+2=18
1+6+8=15
四維

其數爲十二。二十一。與一入中。七入中之數相同。因一四七也。四維二奇二偶。

六在中之圖如下。

坤三	兌八	乾七
離一	中六	坎二
巽五	震四	艮九

圖八

中六與離一。合成一六共宗。

5+1+3=9
4+6+8=18
9+2+7=18
橫式

3+8+7=18
1+6+2=9
5+4+9=18
縱式

3+6+9=18
5+6+7=18
交式

7+2+8=17
5+4+1=10
9+2+4=15
3+8+1=12
四維

其數爲九十八。與三在中。九在中之數相同。因三六九也。四維則二奇二偶。二圖其參伍錯綜。如下。

圖七第一橫式與圖八第三橫式相加爲三十
圖七第二橫式與圖八第二橫式相加爲三十
圖七第三橫式與圖八第一橫式相加爲三十
圖七第一縱式與圖八第三縱式相加爲三十
圖七第二縱式與圖八第二縱式相加爲三十
圖七第三縱式與圖八第一縱式相加爲三十
圖七坤交式與圖八坤交式相加爲三十
圖七巽交式與圖八巽交式相加爲三十
圖七乾維與圖八巽維相加爲三十
圖七巽維與圖八乾維相加爲三十
圖七艮維與圖八坤維相加爲三十
圖七坤維與圖八艮維相加爲三十

以上和亦三十。折半十五。其關鍵在逆數己十之作用。

四在中順行。與六在中逆行加之。其數爲十。

三	八	一
二	四	六
七	九	五

七	二	九
八	六	四
三	一	五

例同上。

六在中之數。與四在中逆數相加。亦爲十也。

五	一	三
四	六	八
九	二	七

五	九	七
六	四	二
一	八	三

例同上。

觀此當能知四六合十之功用矣。

綜觀以上諸圖。九宮之總數將橫縱交數。四維數相加。每宮皆爲一百八十。卽易三百又六十之半數也。與易相輔而行可知矣。由此可悟五入中者謂之中。一與九入中。二與八入中。

三與七入中。四與六入中者。兩兩對照。謂之和也。此由數推理。憑器明道。形上形下之說。不難示諸掌矣。

宋彭與自言於易。有獨見處。其易圖最多。有一圖謂之地中圖。以六居中。縱橫十八。以與河圖爲對。蓋河圖五居中。左三右七。戴九履一。四二爲前。八六爲後。爲天中圖。而地中圖則加一焉。六居中。左八右四。戴十履二。五三爲前。九七爲後。是彭以漢書律歷志天之中數五。五爲聲。地之中數六。六爲律。唐一行歷本議天數中於五。地數中於六。合二中以定律歷。地中圖本之。其說非也。

太炎先生講演記錄五種 定價四元

制言社發售

九宮撰略

沈瓞民

（三）

十　九宮之等差級數

九宮之變通各節。在上文已言其大意。至九宮之級數。在四維始於八。終於二十二。何也。二數相加之數三十也。在橫縱交之數亦三十也。半之皆爲十五。

九宮之橫縱交。以數排列之。得五數。卽九。十二。十五。十八。二十一也。此五數在代數上名曰等差級數。相差數爲三。初項爲九。末項爲二十一。用代數如下。

$$S（總數）= 9+12+15+18+21$$
$$S = 21+18+15+12+9 \quad (+$$
$$2S = 30+30+30+30+30$$
$$2S = S\times30 \qquad 2S = 150 \qquad S = 75$$

其和爲七十五。漢書律歷志云。「易云。參天兩地而倚數。天之數始於一。終於二十有五。」

此七十五者。爲二十有五之三倍。三者卽參天之數也。

九宮之四維。共得十五數。以數排列之。卽八。九。十。十一。十二。十三。十四。十五。十六。十七。十八。

十九。二十。二十一。二十二也。此十五數亦爲等差級數。初項爲八。末項爲二十二。相差數爲一。用代數式如下。

S（總數）　a 代表初項　l 代表末項　n 代表項數

利用公式 $s=\frac{1}{2}n(a+l)=\frac{1}{2}\times 15(8+22)=225$

其和爲二百二十五。相差數一。一者奇也。天之數。非地之數也。漢書律歷志云。「地之數始於二。終於三十。」今將十五項數分爲二列。奇一列。偶一列。其相差數爲二。二者地數也。偶列爲八。十。十二。十四。十六。十八。二十。二十二。用公式如下。

$s=\frac{1}{2}n(a+l)=\frac{1}{2}\times 8(8+22)=\frac{1}{2}\times 8\times 30=120$

其數爲一百二十。卽三百六十之三分之一也。

奇列爲九。十一。十三。十五。十七。十九。二十一。初項九。末項二十一。相差數二。亦地數也。

$s=9+11+13+15+17+19+21$

$s=\frac{1}{2}\times 7(9+21)=\frac{1}{2}\times 7\times 30=105$

其數爲一百零五。與二百二十五加之。卽三百六十。週天之數也。二百二十五。以七十五除之得三。即參天數也。

橫縱交五數。八。十二。十五。十八。二十一。此五數即五在中。各宮之數。用表如下。

二級 12	21	6
一級 9	三級 15	五級 21
24	3	四級 18

一級爲九。以三除之得三。三爲參天之數不用。所得數三爲五在中之原數。二級十二。以三除之得四。四爲五在中。巽之原數。三級十五。三除得五。五即五在中之五數也。四級十八。以三除六得六。六爲乾宮之原數。餘類推可知。

四維數爲八。九。十。十一。十二。十三。十四。十五。十六。十七。十八。十九。二十。二十一。二十二。此等差級數亦五在中。九宮之數也。惟排法與前者異。四維分爲二組。

四維數
八。九。十。十一。十二。十三。十四。十五。十六。十七。
十三。十四。十五。十六。十七。十八。十九。二十。二十一。

第一排列如下。

巽 14	離 9	坤 12
震 13	中 15	兌 17
艮 8	坎 11	乾 16

九宮撰略

去十不用。即五在中數也。

$$s=\frac{1}{2}n(a+l)=\frac{1}{2}\times10(8+17)=5\times25=125$$

數爲一百二十五。繫辭傳曰。「天數五。地數五。五五。二十有五。」再以五乘之。即得此數。

第二組排列如下。

巽14	離19	坤22
震13	中15	兌17
艮18	坎21	乾16

去十不用。所得者。即五在中之數也。

$$s=\frac{1}{2}n(a+l)=\frac{1}{2}\times9(13+21)=\frac{1}{2}\times9\times34=153$$

其數爲一百五十三。減去二十。其數爲一百三十三。

一百五十三。以五在中總數四十五減之。得一百零八。乘參天之數。爲三百二十四。加三十六。三十六者。太陽九。太陰四。四九三十六也。得三百六十。

十一。　九宮與八卦

管子輕重戊篇云。「虙戲作造六峜。以迎陰陽。作九九之數。以合天道。而天下化之。」後漢書梅福傳「臣聞齊桓之世。以九九見者。」師古曰「九九算術若今九章五曹之輩」。魏志劉廙傳注引戰國策云。「有以九九求見齊桓公。桓公不納。其人曰。九九小術。而君納之。況大於九九者乎。」可知九九。卽九章也。劉徽九章算術序。「昔在庖犧氏作九九之術。以合六爻之變。」是九九者。九宮也。讀劉序知八卦九宮無差別。然八卦六十四。九宮八十有一。二者相較。多十有七。似二者各不相同。若分條折理。知其數同也。多十有七者。中央與四維之作用也。一去以下各圖中五之九數。甲圖中爲大衍之數。餘八爲上世卦八。此八者。皆卦之重出者也。二丙表謙剝二卦。丁表小畜姤歸妹隨四卦。戊表既濟未濟二卦。共八卦。亦爲重出之卦。其位皆在四維之中。

甲。　本宮上世卦。　爲九宮原數。卽五入中而與五相遇者。

本宮上世卦者。卽乾爲天。坤爲地。震爲雷。巽爲風。坎爲水。離爲火。艮爲山。兌爲澤。其表如下。

一一坎。二二坤。三三震。四四巽。五五大衍。六六乾。七七兌。八八艮。九九離。

巽四四	離九九	坤二二
震三三	中五五	兌七七
艮八八	坎一一	乾六六

乙。

按一離九　卽一入中。與九入中。與九宮原數相遇者。

九四	五九	七二
八三	坎一五	三七
四八	六一	二六

五寄於坎

八四	四九	六二
七三	離九五	二七
三八	五一	一六

五寄於離

坎		離	
九四鼎離二世	七二萃兌二世	四九家人巽二世	二七臨坤二世
二六泰坤三世	五九旣濟坎三世	六二否乾三世	五一未濟離三世
六一訟離游魂	八三頤巽游魂	一六需坤游魂	三八小過兌游魂
四八漸艮歸魂	三七歸妹兌歸魂	八四蠱巽歸魂	七三隨震歸魂

丙。

坤二艮八　卽二入中與八入中。與九宮原數相遇者。

一四	六九	八二
九三	坤二五	四七
五八	七一	三六

五寄於坤

七四	三九	五二
六三	艮八五	一七
二八	四一	九六

五寄於艮

乾坤鑿度以艮坤爲生死之門。故五世謙剝重出。

丁。三震七兌　卽三入中。與七入中。與九宮原數相遇者。

坤	艮
七一困兌一世	一七節坎一世
三六大壯坤四世	六三无妄巽四世
五八謙兌五世 九三噬嗑巽五世 一四井震五世 八二剝乾五世	五二剝乾五世 三九豐坎五世 四一渙離五世 二八謙兌五世
四七中孚艮游魂	七四大過震游魂
六九同人離歸魂	九六大有乾歸魂

二四	七九	九二
一三	震二五	五七
六八	八一	四六

五寄於震

六四	二九	四二
五三	兌七五	九七
一八	三一	八六

五寄於兌

震	兌
四六小畜巽一世 重出	六四姤乾一世 重出
六八遯乾二世 一三屯坎二世	八六大畜艮二世 三一錄解二世
八一蒙離四世 二四升震四世 七九革坎四世	一八蹇兌四世 四二觀乾四世 九七睽艮四世
九二晉乾游魂	二七明夷坎游魂
五七歸妹兌歸魂 重出	五三隨震歸魂 重出

戊。四巽六乾　即四入中。與六入中。與九宮原數相遇者。

三四	八九	一二
二三	巽四五	六七
七八	九一	五六

五寄於巽

五四	一九	三二
四三	乾六五	八七
九八	二一	七六

五寄於乾

巽	乾
五六小畜巽一世　二三復坤一世　八九賁艮一世	三二豫震一世　五四姤乾一世　九八旅離一世
九一未濟離三世　七八咸兌三世　三四恆震三世	一九既濟坎三世　八七損艮三世　四三益巽三世
六七履艮五世	七六夬坤五世
一二比坤歸魂	二一師坎歸魂

既濟未濟與一九重出。

姤小畜。既濟未濟。剝謙。歸妹隨爲重出者。凡重出者。皆四維而出。因維者爲陰施陽化之方。四時之交。故與四正之位異。綜以上各圖觀之。漢書五行志所謂八卦九章相爲表裏者此也。劉序所謂以合六爻之變者此也。周易卦序皆從九宮而來。不明九宮。無以明序卦之理。因文宂長。刪之。另著專論。從可證明文王之易出於洛書。不出於河圖也。

十二。論四方之色

汲冢周書小開武解「五行。一黑位水。二赤位火。三蒼位木。四白位金。五黃位土。」又作雒解。「其壝東青土。（原青書誤黃。）南赤土。西白土。北驪土。中央叠以黃土。」以北黑南赤東青西白中黃立說也。至壝四方之土之土字。與五黃位土之土字異。因壝置五色之土。以狀東南西北中將四方中央之色。以土色表而出之爾。

說卦傳。以震爲正東。以離爲南。兌爲正秋。坎爲正北。以四時論。則震春。離夏。兌秋。坎冬。禮記曲禮云。「前朱雀而後玄武。左青龍而右白虎」。前屬南。其色朱。後屬北。其色玄。左屬東。其色青。右屬西。其色白。是南朱北玄東青西白也。又初學記二十二引河圖曰。「風后曰。予告汝。帝之五旗。東方法青龍曰旗。南方法赤烏曰旟。西方法白虎曰典。北方法玄秦曰旂。中方法黃龍曰常。」有色亦同。

管子幼官篇及幼官圖中方本圖云。「君服黃色。」東方本圖云。「君服青色。」東方副圖云。「旗物尙青。」南方本圖云。「君服赤色。」南方副圖云。「旗物尙赤。」西方本圖云。「君服白色。」西方副圖云。「旗物尙白。」北方本圖云。「君服黑色。」北方副圖云。「旗物尙黑。」又五行篇云。「昔黃帝以其緩急作五聲。以政五鍾。令其五鍾。一曰青鍾大音。二曰赤鍾重心。三曰黃鍾灑光。四曰景鍾昧其明。五曰黑鍾隱其常。五聲既調。然後作立五行以正天時。五官以正人位。人與天調。然後天地之美生。」景鍾之景。白也。兩說與前同。

白虎通社稷篇。引春秋傳曰。「天子有太社焉。東方青色。南方赤色。西方白色。北方黑色。」其色與曲禮同。

墨子貴義篇曰。「子墨子北之齊。遇日者。日者曰。帝以今日殺黑龍於北方。而先生之色黃。不可以北。子墨子不聽。遂北至淄水。不遂而反焉。日者曰。我謂先生不可以北。子墨子曰。南之人不得北。北之人不得南。其色有黑者。有白者。何故皆不遂也。且帝以甲乙殺青龍於東方。以丙丁殺赤龍於南方。以庚辛殺白龍於西方。以壬癸殺黑龍於北方。以戊己殺黃龍於中方。若用子之言。則是禁天下之行者也。」亦以東青。南赤。西白。北黑。中黃立說。

呂氏春秋孟冬紀云「天子居青陽左个。」仲春紀云「天子居青陽太廟。」季春紀云「天子居青陽右个。」夫青陽東也。三紀皆云。「乘鸞輅。駕蒼龍。載青旂。衣青衣。服青玉。」淮南子時則訓。「天子服青衣。乘蒼龍。服蒼玉」。蒼青同色。是以春爲青也。孟夏紀云。「天子居明堂左个。」仲夏紀云。「天子居明堂太廟。」季夏紀云。「天子居明堂右个。」夫明堂者。其面南。三紀皆云。「乘朱輅。駕赤騮。載赤旂。衣赤衣。服赤玉。」淮南子時則訓・「乘赤騮。服赤玉。建赤旗」・朱赤色同。是以夏爲朱也。又季夏紀云。「中央土……天子居太廟太室。乘大輅。駕黃騮。載黃旂。衣黃衣。服黃玉。」(淮南子時則訓。「天子衣黃衣。乘黃騮。服黃玉。建黃旗。」)是以中央爲黃也。孟秋季云「天子居總章左个。」仲秋紀云。天子居總章太廟。」季秋紀云「天子居總章右个。」夫總章者西也。三紀皆云「乘戎輅。駕白輅。載白旗。衣白衣。服白玉。」(淮南子時則訓。「天子衣白衣。乘白駱。服白玉。建白旗。」)孟冬紀云天子居玄堂左个。」仲冬紀云「天子居玄堂太廟。」季冬紀云。「天子居玄堂右个。」夫玄堂者北也。三紀皆云「乘玄輅。駕鐵驪。載玄旂。衣黑衣。服玄玉。」(淮南子時則訓。「天子衣黑衣。乘玄驪。服玄玉。建玄旗。」)玄黑同色。是以冬爲黑也。

呂氏春秋名類篇云。「黃帝之時天先見大螾大螻，黃帝曰。土氣勝。土氣勝。故其色尚黃。其事則土。及禹之時。天先見草木。秋冬不殺。禹曰木氣勝。木氣勝。故其色尚青。其事則木。及湯之時。天光金刃生於水。湯曰金氣勝。金氣勝。故其色尚白。其事則金。及文王之時。天先見火。赤烏銜丹書集于周社。文王曰。火氣勝。火氣勝。故色其尚赤。其事則火。代火者必將水。天且先見水氣勝。水氣勝。故其色尚黑。其事則水。水氣至而不知數備。將徙於土。」此與鄒衍五德終始之說合。然四方之色。則木青火赤金白水黑土黃也。

子華子陽城胥渠問云。「太一。正陽也。太玄。正陰也。陰之正氣其名赤。陰之正氣其色黑。水陽也。而其伏爲陰。風陰也。而其發爲陽。上赤下黑。左青右白，黃潛於中宮。而五運流轉。故有輪樞之象焉，」又北宮意問。「夫心也。五六之主也。精神之舍也。心之精爲火。其氣爲離。其色赤。其狀如覆蓮。其神爲朱鳥。其竅上通於舌。肺之精爲木。其氣爲震、其色青。其狀如懸瓢。其神爲蒼龍。其竅上通於目。肺之精爲金。其氣爲兌。其色白。其狀如懸磬。其神爲伏虎。其竅上通於鼻。腎之精爲水。其氣爲坎。其色黑。其狀如介石。其神爲玄龜。其竅上通於耳。脾之精爲土。其氣爲戊己。其色黃。其狀如覆缶。其神爲鳳凰。其竅上通於口。是故脾腎心肝肺，五官之司，口舌鼻耳目。五官之候。脾之藏意。腎之藏精。心之藏神。肝之藏魂。肺之藏魄。金木水火土。五精之總也。寒熱風燥濕。五氣之聚也。」是以東青。南赤。西白。北黑。中黃立說也。

獨斷云。「天子太社。以五色土爲壇。皇子封爲王者。受天子之社土。以所封之方色。東方受青。南方受赤。他如其方色。」按以上諸說。則冬青西白南赤北黑。似無疑義。

參同契云。「青赤白黑。各居一方。皆稟中宮戊己之功。」是雖未言木青火赤金白水黑。但以其色之次序觀之。則東南西北之四方無疑義。

十三。　論九宮之色

九宮之色。不知始於何時。今人謂之紫白圖。有謂出於董仲舒三代改制質文篇。非也。董氏以寅爲黑統。丑爲白統。子爲赤統。係襲鄒衍五德終始之說爾。有謂始於北魏光止曆。攷蕭吉五行大義所載九宮之色與今圖合。蕭氏隋人，在正光之後。其說差可信也。余家所藏宋紹興元年曆書，年月月下均載其圖曰一白二黑三碧四綠五黃六白七赤八白九紫。九紫之紫字見於鄭玄乾鑿度注。今立圖如下。

四綠	九紫	二黑
三碧	五黃	七赤
八白	一白	六白

五黃之黃，與諸家說同。一白諸家皆以為黑。九紫。朱與赤可通用。七赤諸家說均以為白，今曰赤。其說無可攷。三碧諸家曰青曰蒼。碧字可通用。以上據四正之位而言之，參攷上文，知一白七赤二者皆悖於理。書之可參考者，惟神異記而已。然其說多脫簡，亦不可詳攷。或術人無知，妄立名目爾。

神異記中荒經云。「東方有宮。(按卽震宮。)青石為牆。(按震方色青。)高三仞。(按三震數也。)左右闕高百尺。盡(按盡字畫字之誤。初學記作盡亦誤。)以五色。門有銀牓。以青石碧鏤。(按青碧皆東方色。)題曰天地長男之宮。(按震為長男。初學記三十七引十洲記曰：「東方外有東明山。有宮焉。左右闕而立。其高百尺。畫以五色。門有銀牓以青碧鏤。題曰天地長男之宮。」)西方有宮。(按卽兌宮。)白石為牆。(按兌方色白。)五色玄黃。門有金牓而銀鏤。題曰天地少女之宮。(按兌為少女。)中央有宮。(按中五也。)以金為牆。(按金者黃也。)門有金牓以銀鏤。題曰天皇之宮。(按天皇指太極也。)南方有宮。(按南方離宮也。)以赤石為牆。(按離為火故赤。)赤銅為門闕有銀牓。題曰天皇中女之宮。(按離為中女。)北方有宮。(按卽坎宮。)以黑石為牆。(按北方色黑。)題曰中男之宮。(按坎爲中男。上有脫簡。東南有宮。按南誤。係北字。東北艮也。黃石爲牆。按艮土氣也。故其色作黃。黃膀碧鏤。按黃膀指艮。碧鏤者因艮宮寅方。係木氣也。故曰碧。題曰天地少男之宮。按艮爲少男。西方有宮。按西字下。脫南字。西南坤宮也。黃銅爲牆。按坤爲土。故色赤黃。題曰地皇之宮。按此句。地亦有脫簡。地皇即坤也。按此文脫簡甚多。全文缺乾巽二宮。然其說爲震青兌白中黃離赤坎黑艮黃坤黃也。其說與是類謀云。「震氣不效倉帝之世。離氣不效赤帝世。坤氣不效黃帝世。坎氣不效黑帝世。」乾巽兌艮文有脫簡。然坤爲黃。是可證也。

神異記中荒經又云。「東方裔外有東明山。有宮。二字按初學記補。以青石爲牆。按東方色青。西方按初學記三十四引此作西方是也。裔外有大夏山。有宮二字據初學記補。下同。以金爲牆。按乾爲金。南方裔外有岡明山。有宮以赤石爲牆。按南方色赤。屬離。西南裔外老壽山。有宮。以黃銅爲牆。按西南坤也。坤爲土。色黃。東南裔外闇清山有宮以青石爲牆。按東南巽也。巽亦作青色。西北北字誤。初學記作西方是也。裔外西明山。以白石爲牆。按西兌也。東北有鬼星石室。三百戶共一門。石膀題曰鬼門。按東北艮也。艮爲鬼門。西南銅關夾膀。題曰人往門。按西南坤也。東北銅關夾門。題曰人來門。按東北艮也。」按此文亦有脫簡。然可知震青兌白離赤坤黃巽青乾白。綜兩文觀之。則九宮之色爲震青。巽青。兌白。乾白。離赤。坎黑。中黃。坤黃。艮黃。其說較古也。

十四　論古人誤解生成之數

生成之義。古人論說實夥矣。然最精者。首推呂氏春秋貴公篇云。「天地大矣。生而弗子。成而弗有。其義顯。餘說皆不足也。至其數。墨子迎敵墉祠。「敵以東方來。迎之東壇。壇高八尺。按八者三八爲木。東方之氣也。堂密八。年八十者八人。主祭青旗青神。按青神呂氏春秋孟春紀等云。「其神句芒。」長八尺者八弩。八八發而止。將服必青。其牲以雞。敵以南方來。迎之南壇。壇高七尺。按七者二七共朋。本西方之氣。此書以爲南方。堂密七。年七十者七人。主祭赤旗赤神。按赤神呂氏春秋孟夏紀等文。「其神祝融。」長七尺者七弩。七七發而止。將服必赤。其牲以狗。敵以西方來。迎之西壇。壇高九尺。按九者。四與九同道。原火數。此數以爲金數。堂密九。年九十者九人。主祭白旗素神。按素神呂氏春秋孟秋紀等云。「其神蓐收。」長九尺者九弩。九九發而止。將服必白。其牲以羊。敵以北方來。迎之北壇。壇高六尺。按六者。一與六共宗。北方之氣也。堂密六。年六十者六人。主祭黑旗黑神。按黑神呂氏春秋孟冬紀等云。「其神玄冥。」長六尺者七弩。六六發而止。將服必黑。其牲以彘。」北堂書抄引黃帝兵法同。是以東爲三八。南爲二七。西爲四九。北爲一六也。

管子幼官篇及幼官圖中方本圖云「用五數。飲於黃后之井。」東方本圖云「用八數。飲於青后之井。」南方本圖云「用七數。飲於赤后之井。」西方本圖云「用九數。飲於白后之井。」北方本圖云「用六數。飲於黑后之井。」其數其色。與黃帝兵法同。

呂氏春秋孟春仲春季春三紀云「其數八。」孟夏仲夏季夏三紀云「其數七。」季夏紀云「中央土……其數五。」孟秋仲秋季秋三紀云「其數九。」孟冬仲冬季冬三季云「

其數六。」淮南子時則訓其數與呂氏春秋同。此淮南襲呂氏也。

漢書五行志曰。「天以一生水。地以二生火。天以三生木。地以四生金。天以五生土。五位皆以五而合。而陰陽易位。故曰妃以五成。然則水之大數六。火七。木八。金九。土十。故水以天一爲火二牡。木以三爲土十牡。土以天五爲水六牡。火以天七爲金四牡。金以天九爲木八牡。陽奇爲牡。陰耦爲妃。故曰水。火之牡也。火。水妃也。於易坎爲水。爲中男。離爲火。爲中女。蓋取諸此也。」其數亦與黃帝兵法同。

其他散見羣籍者。不可勝數。皆以一六水。二七火。三八木。四九金。治學者皆未舉其非。宋司馬光作潛虛實本荀子天論「心居中虛以治五官」之說。其後蔡沈作洪範數大略。倣潛虛而作虛其言曰「虛之爲陰陽者二。範之爲陰陽者六。範之五行。一六爲水。二七爲金。三八爲木。四九爲火。中五爲土。虛之五行。一六爲水。二七爲火。三八爲木。四九爲金。五十爲土。一本生成。雖異而實同也。」蔡氏明知後說之誤。別立游移兩可之說。使人是非更不辨矣。先子自得齋雜著云。「讀呂覽十二紀及月令皆以二七爲火。四九爲金。三八爲木。一六爲水。五十爲土。疑其顚倒。及讀素問五常政大論。始知其說有二。各有所申。甲說木曰敷和。火曰升明。土曰備化。余曰審平。水曰靜順。敷和之紀。……其數八。升明之紀。……其數七。備化之紀。……其數五。審平之紀……其數九。靜順之紀……其數六。其源出於五行。曩者周易示兒錄中編第八章論生成之數。已言其槪。乙說木曰委和。火曰伏明。土曰卑監。金曰從革。水曰涸流。委和之紀。是謂勝生……眚于三。伏明之紀。是謂勝長……眚于九。卑監之紀。是謂減化……其眚四維。從革之季。是謂折收……眚于七。涸流之季。是謂反陽……眚于一。其數出於參天者也。」惟　先子舉二義而未斷其兩者。孰是孰否。祖縣由此而推數。知二七火。四九金。與參天兩地之數實不合也。蓋由坎而至震。即一而參之。爲三也。由震至離。即三而參之。九也。由離至兌。即九而參之。爲二十七也。由兌至坎。即二十七而參之。爲八十一也。周而復始。至於無窮。則坎一震三離九兌七之根。不能互易也。由坤至巽。即二而兩之。爲四也。由巽至艮。即四而兩之。爲八也。由艮至乾。即八而兩之。爲十六也。由乾而至坤。即十六而兩之。三十二也。周而復始。至於無窮。則坤二巽四艮八乾六之根。不能互易也。因古人疏於算術。未加深考。致有此誤。且以坎一。離七。震三。兌九。巽二。乾六。坤四。艮八。與乾鑿度所謂四正四維皆合於十五者。其理更悖。五行大義引王弼云。「謂水在天爲一。在地爲六。六一合於北。火在天爲七。在地爲二。二七合於南。金在天爲九。在地爲四。四九合於西。木在天爲三。在地爲八。三八合於東。土在天爲五。在地爲十。五十合於中。故曰五位相得而各有合。謝曰。陰陽相應。奇耦相配。各有合也。韓曰天地之數。各有五。五數相配。以合成金木水火土也。」王弼不知繫辭所謂五位相得者指一與六合。二與七合。三與八合。四與九合。五與十合。以明天一地二天三地四天五地六天七地八天九地十之說。其並未指五行四方也。故其注則大誤矣。故虞翻詰此節。不能不特倡納甲之說。以欺世人爾。

漢書律歷志「以陰陽言之。大陰者北方。北伏也。陽氣伏於下。於時爲冬。冬終也。物終臧。乃可稱。水潤下。知者謀。謀者重。故爲權也。太陽者南方。南任也。陽氣任養物。於時爲夏。夏假也。物假大。乃宣平。火炎上。禮者齊。齊者平。故爲衡也。少陰者西方。西遷也。陰氣遷落物。於時爲秋。秋䪞也。物䪞斂。乃成孰。金從革。改更也。義者成。成者方。故爲矩也。少陽者東方。東陽也。陽氣動物。於時爲春。春蠢也。物蠢生。迺動運。木曲直。仁者生。生者圜。故爲規也。中央者。陰陽之內。四方之中。經緯通達。迺能端直。於時爲四季。土稼嗇蕃息。信者誠。誠者。故爲繩也。五則揆物。有輕重圜方平直陰陽之義。四方四時之體。五常五行之象。厥法有品。各順其方而應其行。職在大行。鴻臚掌之。」此係太陰太陽少陽少陰立說。殊不知太陰太陽少陰少陽。卽四象也。本無數之可言。昔賢以數釋之者雖多。要皆要言不有中。朱熹周易本義云「蓋河圖四面。太陽居一而連九。少陰居二而連八。少陽居三而連七。太陰居四而連六。」朱氏所言。

卽乾鑿度所云。四正四維。皆合於十五也。又同志亦以一水二火三木四金五土立說。而班固所取正義。引用義和劉歆等典領條奏。未加深考。誤用二火四金之說。致後世書志與錄。仍班固之誤矣。

後人以爲太陽少陽太陰少陰之數。四乘九得三十六。爲太陽數。四乘七得二十八。爲少陽數。四乘八得三十二。爲太陰數。四乘六得二十四。爲少陰數。以洛書之眞理推之。其說非也。以四乘之者。四象也。以六七八九與四象互乘。九居南。以四乘之則太陽在南。爲三十六是也。六居北。以四乘之得二十四。爲太陰之數。八居東。以四乘之得三十二。爲少陽之數。七居西。以四乘之得二十八。爲少陰之數。則與生成之數相合。去二十。三十不用。相對合十。猶可說也。揆之理。七八爲不變。六九爲變。不變者爲太。變者爲少。其說亦非也。後人誤讀洪範以二七爲火數。四九爲金數之外。又增一大誤矣。善夫子華子北宮意問云。「夫天降一氣。則五氣隨之。寄備於陰陽。合氣而成體。故有太陽。有少陽。有太陰。有少陰。陰中有陽。陽中有陰。故陽中之陽者火是也。陰中之陰者水是也。陽中之陰者木是也。陰中之陽者金是也。土居二氣之中間。以治四維。在陰而陰。在陽而陽。故物非土不成。人非土不生。北方陰極而生寒。寒生水。南方陽極而生熱。熱生火。東方陽動以散而生風。風生木。西方陰止以收而生燥。燥生金。中央陰陽交而生濕。濕生土。是故天地之間。六合之內。不離於五。人亦如之血氣和合。榮衞流暢。五臟成就。神氣舍心。魂氣畢具。然後成人。是故五臟六腑各有神主。精稟於金火。氣講於水木。精氣之合。是生十物。精神魂魄心意志思智慮是也。」其說闡其理。未言其數。較諸說爲詳。後人不能讀子華子。以爲僞書。一筆抹煞之。何其不思之甚歟。

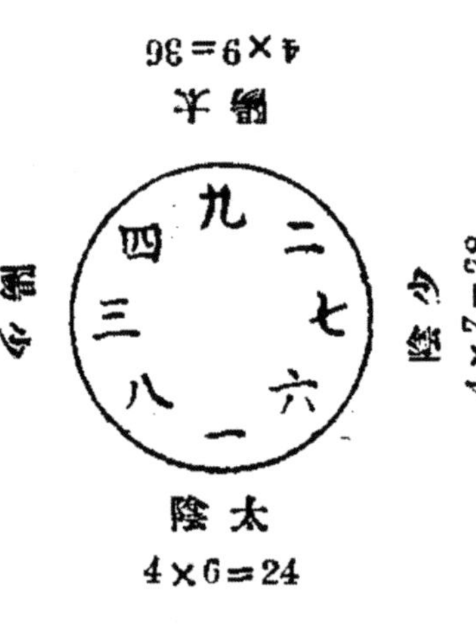

祖緜以爲古人之誤。由於洪範之一曰水。二曰火。三曰木。四曰金。五曰土。不知洪範之一二三四五。乃言五行之次序。非言一水二火三木四金五土也。二誤於易理陽動而進。變七之九。不知七變九者乃爻之變。非生成之變也。三誤於乾鑿度。一變而爲七。七變而爲九。不知參兩之理。以爲七可變九。九可變七。四誤於淮南子天文篇。十一月黃鍾八十一。五月蕤賓五十七。以爲一七相對也。總之天下事物。有數可推者。然後有象。數無可推。而象不能成也。

論衡言毒篇云。「諺曰。衆口鑠金。口者火也。五行二曰火。五事二曰言。言與火直。故云鑠金。道口舌之爍。不言拔木焰火。必云爍金。金制於火。火口同類也。」是王充引洪範。亦未言二爲火數也。嘗讀賫暇錄曰。「律一六爲水。二七爲火。三八爲木。四九爲金。五十爲土。然五行之中。惟金木有自然之音。水火土必相假而後爲音。蓋水假土。土假火。火假水。故金音四。九木音三八。火音一六。土音二七。水音五十。此不易之論也。何以言之。甲己子午九也。乙庚丑未。八也。丙辛寅申七也。丁壬卯酉。六也。戊癸辰戌。五也。巳亥。四也。甲子。乙丑。其數三十有四。四者金之音也。故曰金。戊辰。己巳。其數二十有三。三者木之音也。故曰木。庚午。辛未。其數三十有二。二者火也。土以火爲音。故曰土。甲申。乙酉。其數三十。十者土也。涵芬樓說郛本誤作三十二。二者土也。水以土爲音。故曰水。戊子。己丑。其數三十有一。一者水也。火以水爲音。故曰火。凡六十甲子皆然。此納音之所由起也。沈海村謂以頻年曆日考之。信然。如壬子。癸丑。其數二十有八。八者木也。木有自然之音。故納音卽從木。甲寅。乙卯。其數三十。十者土也。水假土而爲音。故納音不屬土而屬水。丙辰。丁巳。其數二十有二。二者火也。土假火而爲音。故納音不屬火而屬土。餘皆可類推矣。」雖然李匡乂（唐書藝文志作李匡文）亦明知前人生成之誤。强以納音解之。不知甲己子午九之說。亦漢人誤解之說。非納音之眞理。並以生成之謬說。而彌縫二七火。四九金之曲說也。盲者從之。以土假火而爲音。故納音不屬火而土。以爲二七火四九金之明證。實岐路之中。更有無窮岐路矣。如是衆說。不可累舉。納音者。同類娶妻。隔八相生。詳見沈括夢溪筆談。

九宮撰略

沈瓞民

（四）

十五　生成數合十五

古人誤讀洪範。言五行之次第。以爲五行之數。於是四正四維不合十五矣。數千年之大誤。未有如此之甚者。揣著象數釋疑。有論干支與四維之理。章茲節如下。

奇數爲生。偶數爲成。故天一生壬水。地六癸成之。一六共宗而居北。呂氏春秋孟冬仲冬季冬紀云。其日壬癸是也。天三生甲木。地八乙成之。故三八爲友而居東。呂氏春秋孟春仲春季春紀云。其日甲乙是也。天九生丙火。地四丁成之。故四九同道而居南。呂氏春秋孟夏仲夏季夏紀云。其日丙丁是也。天七生庚金。地二辛成之。故二七共朋而居西。呂氏春秋孟秋仲秋季秋紀云。其日庚辛是也。中央戊己。呂氏春秋季夏紀云。中央土。其日戊己是也。呂氏言日則合。言數則誤。十日不能盡八卦九宮之數。於是以十二支四維。以盡九宮之用。淮南子天文訓。以子午。丑未。寅申。卯酉。辰戌。巳亥爲六府是也。又分子午卯酉爲四正。天文訓所謂子午卯酉爲二繩是也。辰戌丑未爲四庫。寅申巳亥爲四生。天文訓所謂丑寅。辰巳。未申。

戌亥。爲四鉤是也。丑寅之間爲艮維。天文訓所謂東北爲報德之維是也。辰巳之間爲巽維。天文訓所謂常羊之維是也。未申之間爲坤維。天文訓所謂背陽之維是也。戌亥之間爲乾維。天文訓所謂號通之維是也。彼所謂者鉤者。猶言鉤其維爾。支從干。故子從癸。癸六而子亦六也。午從丁。丁四而午亦四也。卯從乙。乙八而卯亦八也。酉從辛。辛二而酉亦二也。至丑未辰戌。丑鉤艮維。丑比癸。癸六而丑亦六也。未鉤坤維。未比丁。丁四而未亦四也。辰鉤巽維。辰比乙。乙八而震亦八也。戌鉤乾維。戌比辛。辛二而戌亦二也。寅申巳亥。寅鉤艮維。寅比甲。甲三而寅亦三也。申鉤坤維。申比庚。庚七而申亦七也。巳鉤巽維。巳比丙。丙九而巳亦九也。亥鉤乾維。亥比壬。壬一故亥亦一也。至乾巽坤艮四維。乾爲一六。巽爲四九。艮爲三八。坤爲二七。則其數與中五無一不合十五。此不能勉强而致之。由數存也。若以二七爲南方火。四九爲西方金。焉能與十五之數合哉。

此不過言其大略而已。至於錯綜變化。精微之道。自有象數釋疑在。故不贅述。茲揭易理。幷管子。呂氏春秋。淮南子。大小戴禮。言數言象者。網羅一切。以證設卦觀象之理。制器尙象。由是而明。謂非通變極數之能事乎。若夫開物成務。見象形器。成天下之事業使民不倦者。惟九宮而已。茲略圖如下。

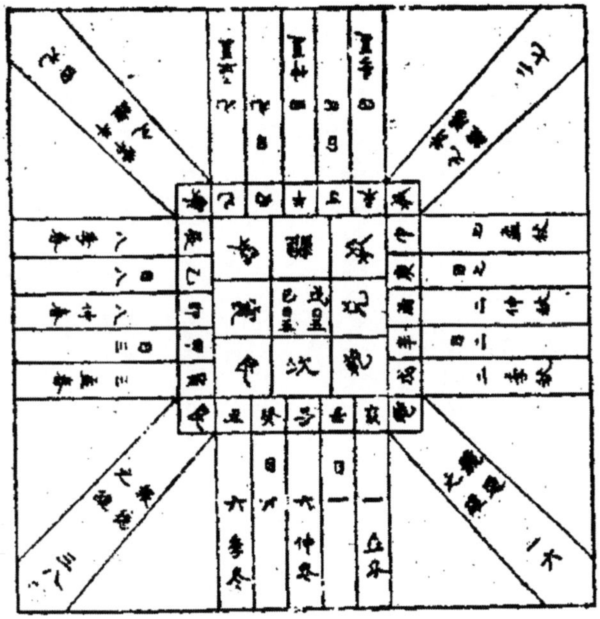

上圖六府。子午與中五合十五。丑未與中五合十五。寅申與中五合十五。卯酉與中五合十五。辰戌與中五合十五。巳亥與中五爲合十五。

十日。日者干也。甲與庚。乙與辛。丙與壬。丁與癸。皆與中五合十五。四維乾之一六。與對宮巽之四九。一九與中五合十五。四六與中五合十五也。艮維之三八。與對宮坤維之二七。二八與中五合十五。三七與中五。亦合十五也。以數證之。則二七爲火。四九爲金。無數之可推。無理之可言者也。

乾鑿度云「八卦數二十四。以生陰陽衍之皆合于度量。」鄭玄注云。「數二十四者。卽分八卦三氣之數。」卽二十四節中也。視上圖子數六。國語周語下云。「夫六中之色也。故名之曰黃鍾。」韋昭以天有六氣。地有六甲等說解之。其說膚。此圖子數六。又下圖黃鍾在子。故曰六。六者成數也。可知六律六呂皆取生成之數者也。

淮南子言三合。其說博而不精。玆舉二例以明之。可知出於生成之數。非出於四正四維之數也。

（甲例）

申子辰合水。水數一。如圖申七子六辰八。其數相加爲二十一。去二十不用爲一。卽水之生數也。亦卽九宮四正子之數也。

寅午戌合火。火數九。如圖寅三午四戌二。其數相加爲九。卽火之生數也。亦卽九宮四正午之數也。

亥卯未合木。木數三。如圖亥一卯八未四。其數相加爲十三。去十不用爲三。卽木之生數也。亦卽九宮四正卯之數也。

己酉丑合金。金數七。如圖己九酉二丑六。其數相加爲十七。去十不用爲七。卽金之生數也。亦卽九宮四正酉之數也。

甲例之成因。其位其數。亥一子六丑六屬北方。冬季三月也。其數卽一六也。巳九午四未四屬南方。夏季三月也。其數卽四九也。寅三卯八辰八屬東方。春季三月也。其數卽三八也。申七酉二戌二屬西方。秋季三月也。其數卽二七也。四方四時之數。雖與三合之數表裏不同。然殊途同歸。知其一。卽得其二矣。十二支之數。其數無五。五居中央而立極。辰八戌二丑六未四與九宮四維原數異。不知此四月者。土王各十八日。辰四維之數本四。今爲八。戌四維之數本六。今爲二。丑四維之數本八。今爲六。未四維之數本二。今爲四。藉四維之斡旋。四時之錯行。四方之位置。原在乾者居艮之位。原在艮者居巽之位。原在巽者居坤之位。原在坤者居乾之前。所謂運行者。乃易之大用也。然有條不紊。古之作者。非以意爲之。不能逃夫生成之數者也。

（乙例）

申子辰合水。申金也。是金生水。以九宮之數。申二子一辰四。其數相加爲七。仍爲金之生數。不能合水也。

寅午戌合火。寅木也。是木生火。以九宮之數。寅八午九戌四。其數相加爲二十三。去二十不用。爲三。仍爲木之生數。不能合火也。

亥卯未合木。亥水也。是水生木。以九宮之數。亥六卯三未二。其數相加爲十一。去十不用。爲一。仍爲水之生數。不能合木也。

巳酉丑合金。巳火也。是火勝金。以九宮之數。巳四酉七丑八。其數相加爲十九。去十不用。爲九。仍爲火之生數。不能合金也。

舉二例並觀之。淮南子所謂三合然後生。雖已明言之。然未言其理。學者索賾此圖。可知三合出於生成之數。而非出四正四維之數也。如此理。則十二支合五行之理。益可證火七金九之誤。豈有疑義哉。

十二支之三合既明。四維與八干。亦有三合。復舉例如下。如圖四維具生成二數。凡以生數相加得成數。以成數相加得生數。與十二支異。

(丙例)

坤壬乙亦合水。如圖坤之生數七與壬二乙八。其數相加爲十六。去十不用。爲六。卽水之成數也。○坤之成數二。與壬一乙八。其數相加爲十一。去十不用。爲一。卽水之生數也。

艮丙辛亦合火。如圖艮之生數三與丙九辛二。其數相加爲十四。去十不用。爲四。卽火之成數也。○艮之成數八。與丙九辛二。其數相加爲十九。去十不用。爲九。卽火之生數也。

乾甲丁亦合木。如圖乾之生數一。與甲三丁四。其數相加爲八。卽木之成數也。○乾之成數六。與甲三丁四。其數相加爲十三。去十不用。爲三。卽木之生數也。

巽庚癸亦合金。如圖巽之生數九。與庚七癸六。其數相加。爲二十二。去二十不用。爲二。卽金之成數也。○巽之成數四。

與庚七癸六相加爲十七。去十不用。爲七。卽金之生數也。

右例亦可證金九火七之誤。惟四維之數有生數與成數之别。與甲例異。

又有八干與寅申巳亥四生而成三合者。其例如下。

（丁例）

甲癸申亦合水。如圖甲三 癸六 申七。其數相加爲十六。去十不用。爲六。卽水之成數也。

庚丁寅亦合火。如圖庚七 丁四 寅三。其數相加爲十四。去十不用。爲四。卽火之成數也。

壬卯巳亦合水。如圖壬一 卯八 巳九。其數相加爲十八。去十不用。爲八。卽水之成數也。

丙酉亥亦合金。如圖丙九 酉二 亥一。其數相加爲十二。去十不用。爲二。卽金之成數也。

據此亦可證火七金九之誤。江永河洛精蘊通論河圖洛書。有首尾相銜之說。其言曰。「首尾相銜者。一六合七。而七繼之。二七合九。而九繼之。九四合十三。而三繼之。三八合十一。而一繼之。此八位所以能連環而歸除也。」其說允是。由一而七。由七而九。由九而三。由三復至一。循環之數。首尾相銜。而江氏仍以二七與四九倒置何耶。總之余之左證。盡破古人觕疏。皆由撰數而來。非若今人之輕改古書。强不知以爲知者也。

十六　管子幼官篇呂氏春秋十二紀首篇淮南子天文訓之互證

逸周書月令訓已佚。惟管子幼官篇猶存。與呂氏春秋十二紀及維南天文訓者。持說相同。

玆將三說略圖如下。且幼官篇本有圖。惜佚。明堂之說。禮記月令篇注疏及北史言之甚多。至於明堂之定理。均未及之。觀今列表並圖以明之。庶幾有理可循矣。

管子幼官篇云「五和時節。君服黃色。味甘味。聽宮聲。治和氣。用五數。飲於黃后之井。發善必審於密。執威必明於中。此居圖方中」又春季云「十二地氣發。戒春事。十二小卯。出耕。十二天氣下。賜與。十二義氣至。修門閭。十二清明。發禁。十二始卯。合男女。十二中卯。十二下卯。三卯同事。八舉時節。君服青色。味酸味。聽角聲。治燥氣。用八數。飲於青后之井。……此居於圖東方方外。」夏季云「十二小郢。至德。十二絕氣下。下爵賞。十二中郢。賜與。十二中絕。收聚。十二大暑至。盡善。十二中暑。十二小暑終。三暑同事。七舉時節。君服赤色。味苦味。聽羽聲。治陽氣。用七數。飲於赤后之井。……此居於圖南方方外。」秋季云「十二期風至。戒秋事。十二小卯。薄百爵。十二白露下。收聚。十二復理。賜與。十二始節。賦事。十二始卯。合男女。十二中卯。十二下卯。三卯同事。九和時節。君服白色。味辛味。聽商音。治濕氣。用九數。飲於白后之井。……此居於圖西方方外。」冬季云「十二始寒。盡刑。十二小榆。賜予。十二中寒。收聚。十二中榆。大收。十二寒至。靜。十二大寒之陰。十二大寒終。三寒同事。六行時節。君服黑色。味鹹味。聽徵聲。治陰氣。用六數。飲於黑后之井。……此居於圖北方方外。」則幼官有圖可知。

惟夏七秋九。其數已誤。若去其數。而補其圖。仍不能使人明瞭。故立表以明之。

春

一	十二地氣發
二	十二小卯
三	十二天氣下
四	十二義氣至
五	十二清明
六	十二始卯
七	十二中卯
八	十二小卯

（六至八）三卯同事

（一至八）八舉時節

夏

一	十二小郢
二	十二絕氣下
三	十二中郢
四	十二中絕
五	十二大暑至
六	十二中暑
七	十二小暑終

（五至七）三暑同事

（一至七）七舉時節

春八舉者。春數三八成友也。自立春日姓。至立夏日後六日。爲八舉時節。八卽三八成友之八也。下云三卯二暑二酉三寒。與三八成友之三字不涉。三者。卽參天之意。義氣詳見拙著讀管臆斷。義當作羲。爾雅。釋天羲和日御也。春日和煦。故曰羲氣。

夏管子亦誤以二七爲火數。夏數實四九同滇也。自立夏後七日。至大暑終。其日不足。因與秋之交多五日。易繫傳。三百六十日爲一歲。在曆法三百六十五日二十四刻二十五分爲一歲。此五日二十四刻二十五分。管子所謂五和時節是也。小郢中郢之郢字。卽程。乘馬篇士農工商章云。立夏曰月程之程也。郢程古通。義見拙著讀管臆斷。

夏秋之間。五日有奇治和氣。……五和時節此五日有期卽成歲之數以合節中。

秋

- 一　十二期風至
- 二　十二小酉
- 三　十二白露下
- 四　十二復理
- 五　十二始節
- 六　十二始酉
- 七　十二中酉
- 八　十二下酉

（六、七、八）三酉同事

（一至八）九和時節

冬

- 一　十二始寒
- 二　十二小榆
- 三　十二中寒
- 四　十二中榆
- 五　十二寒至
- 六　十二大寒
- 七　十二大寒終

（五、六、七）三寒同事

（一至七）六行時節

秋。管子誤四九爲金數。秋實二七共朋也。表中小卯始卯中卯下卯。三卯用事之卯字。係酉字之誤。三國志吳志。虞翻傳註可證。期風之期字。係諆字之語。詳見拙著讀管臆斷。

冬。六行。卽一六共宗爲水數。小榆中榆之榆字。係揄字之誤。揄。詩大雅生民。或春或揄之揄。義詳拙著讀管臆斷。

右表管子亦誤。十二者。十二日也。春秋兩季冬九十六日。冬夏兩季各八十四日。四季共三百有六十日。合夏秋之間五日。卽一年之數也。

呂氏春秋孟春紀云。「天子居青陽左个。」仲春紀云。「天子居青陽太廟。」季春紀云。「

天子居青陽右个。」孟夏紀云。「天子居明堂左个。」仲夏紀云。「天子居明堂太廟。」季夏紀云。「天子居明堂右个。」又云。「中央土……天子居太廟太室。」孟秋季云。「天子居總章左个。」仲秋季云。「天子居總章太廟。」季秋紀云。「天子居總章右个。」孟冬紀云。「天子居玄堂左个。」仲冬紀云。「天子居玄堂太廟。」季冬紀云。「天子居玄堂右个。」

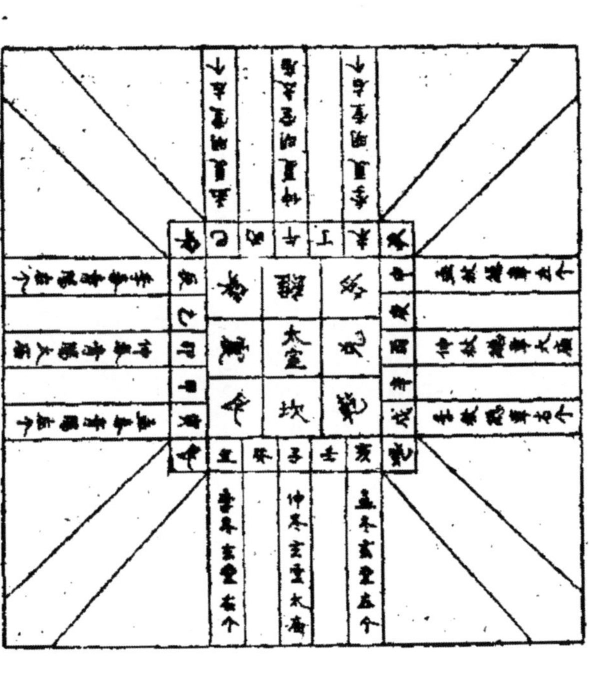

是東曰青陽。南曰明堂。西曰總章。北曰玄堂。中央曰太室。呂氏不以月建立說。曰孟仲季者。以時則言也。並列呂氏春秋明堂圖如上。

淮南子天文訓。「日行一度。十五日爲一節。以生二十四時之變。斗指子則冬至。音比黃鍾。加十五日指癸則小寒。音比應鐘。加十五日指丑則大寒。音比無射。加十五日指報德之維。則越陰在地。故曰距日冬至四十六日而立春。陽氣凍解。音比南呂。加十五日指寅則雨水。音比夷則。加十五日指甲。則雷驚蟄。音比林鍾。加十五日指卯。中繩。故曰春分。則雷行。音比蕤賓。加十五日指乙。則清明風至。音比仲呂。加十五日指辰。則穀雨。音比姑洗。加十五日指常羊之維。則春分盡。故曰有四十六日而立夏。大風濟。音比夾鍾。加十五日指巳。則小滿。音比太蔟。加十五日指丙。則芒種。音比太呂。加十五日指午。則陽氣極。故曰有四十六日而夏至。音比黃鍾。加十五日指丁。則小暑。音比太呂。加十五日指未則大暑。音比太蔟。加十五日指背陽之維。則夏分盡。故曰有四十六日而立秋。涼風至。音比夾鍾。加十五日指申。則處暑。音比姑洗。加十五日指庚。則白露降。音比仲呂。加十五日指酉。中繩。故曰秋分。雷戒。蟄蟲北鄉。音比蕤賓。加十五日指辛。則寒露。音比林鍾。加十五日指戌則霜降。音比夷則。加十五日指蹏通之維。則秋分盡。故有四十六日而立冬。草木畢死。音比南呂。加十五日指亥則小雪。

音比無射。加十五日指壬則大雪。音比應鍾。加十五日指子。一列圖如下。

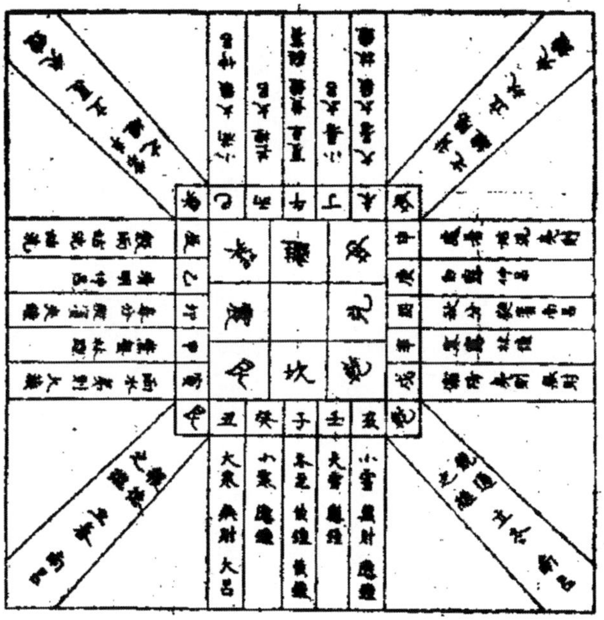

其排律呂與諸書不同。取陽生於子。陰生於午。以子午爲黃鍾。二繩也。以卯酉爲蕤賓。一繩也。故其書云子午卯酉二繩也。其次序爲子午黃鍾。壬癸應鍾。亥丑無射。乾艮南呂。寅戌夷則。甲辛林鍾。卯酉蕤賓。丙丁太呂。已未太族。巽坤夾鍾。辰申姑洗。乙庚仲呂也。與呂氏春秋之說。列表以明之。

淮南子中節音	呂氏春秋
子午黃鍾	仲夏紀（午）律中蕤賓　仲冬紀（子）律中黃鍾
壬癸應鍾	
亥丑無射	孟冬紀（亥）律中應鍾　季冬紀（丑）律中太呂
乾艮南呂	
寅戌夷則	孟春紀（寅）律中太簇　季秋紀（戌）律中無射
甲辛林鍾	
卯酉蕤賓	仲春紀（卯）律中夾鍾　仲秋紀（酉）律中南呂
丙丁太呂	
巳未太簇	孟夏紀（巳）律中仲呂　季夏紀（未）律中林鍾中央土律鏞黃鍾之宮
巽坤夾鏞	
辰申姑洗	季春紀（辰）律中姑洗　孟秋紀（申）律中夷則
乙庚仲呂	

淮南言律則從呂氏春秋。言中節音。與呂氏春秋異。二者須明辨之。不可混而爲一。其理詳呂氏春秋音律篇。

十七。 九宮與代數行列式之關係

九宮在數學上。實一簡單之排列。與近世代數學中之行列式相合。吾國九宮之法。後人不明其理。以爲此乃不能解決之問題。不加研究。以至於今。亦無人明此。近人以爲九宮者。代表坎坤震巽中乾兌艮離九字而已。不知此九字由何而來。九宮之縱橫交式之變化如何。實爲不可解決之一疑問。乾鑿度云。「易變而爲一。一變而爲七。七變而爲九。」此卽九宮之變化也。數之奇偶。亦九宮甚重要之事。

西人萊博尼茲 (Leibnitz) (1646—1716)發見行列式約在十八世紀初。吾國九宮則早歐美多矣。可見吾數學在古時之深奧。行列式之原意。乘法簡化而已。行列有二橫二縱。三橫三縱。四橫四縱。以至十橫十縱。九宮乃三橫三縱。橫縱左右換位。在外加一負數。二次變位爲正數。三次亦負。如有一極煩之乘法。用行列式排之。不但字字明瞭。且易演算。故九宮之排列。卽行列式排列也。茲列九宮排列與行列式對照如下。可知我國九宮一算之術。實出於九章也。

A	B	C
A_1	B_1	C_1
A_2	B_2	C_2

=

巽	離	坤
震	中	兌
艮	坎	乾

今舉換位數例如下。

A	B	C
A_1	B_1	C_1
A_2	B_2	C_2

= −

A	B	C
A_2	B_2	C_2
A_1	B_1	C_1

= −

B	A	C
B_1	A_1	C_1
B_2	A_2	C_2

= −

A_2	B_2	C_2
A_1	B_1	C_1
A	B	C

其所得之乘法如下:

A	B	C
A_1	B_1	C_1
A_2	B_2	C_2

$$=(AB_1C_2+A_2BC_1+A_1B_2C)-(A_2B_2C+AB_2C_1+ABC_2)$$

巽	離	坤
震	中	兌
坎	坎	乾

＝（巽中乾＋艮離兌＋震坎坤）－（艮坎坤＋巽坎兌＋震離乾）

1在中宮換位。其變化。演算如下

9	5	7
8	1	3
4	6	2

＝

5	9	7
1	8	3
6	4	2

＝

5	9	7
6	4	2
1	8	3

由此可見一在中順行。等於四在中逆行。

8	3	1
9	7	5
4	2	6

＝

4	2	6
9	7	5
8	3	1

＝

6	2	4
5	7	9
1	3	8

七入中逆行。即七在中順行。數當相等也。七在中順行數爲一百四十四。

6	2	4
5	7	9
1	3	8

$= (336+60+18)-(28+162+80)=414-270=144$

七在中順行。變化如下

6	2	4
5	7	9
1	3	8

=

2	6	4
7	5	9
3	1	8

=

2	6	4
3	1	8
7	5	9

綜以上結果。一在中順行。四在中順行。七在中順行。其積均爲一百四十四。所謂順者一四七是也。一在中逆行。四在中逆行。七在中逆行。其積亦一百四十四。所謂逆者一四七是也。順者一四七。等於逆行一四七。九宮之一四七。其根一一發見。餘如二五八。三六九。當亦能發見。故九宮之法。與行列式。實相輔而行耳。今推求二五八根原。如左。

1	6	8
9	2	4
5	7	3

=

6	1	8
2	9	4
7	5	3

=

6	1	8
7	5	3
2	9	4

二在中順行。即五入中逆行。由五在中逆行變之如左:

6	1	8
7	5	3
2	9	4

=

2	9	4
7	5	3
6	1	8

=

4	9	2
3	5	7
8	1	6

五在中逆行。即五在中順行。故二在中之總數。等於五在中之總數。用上法推求其數。

1	6	8
9	2	4
5	7	3

$= (6+120+504)-(80+28+162)=630-270=360$

二在中順行數。爲三百六十。五入中順行。數如左。

4	9	2
3	5	7
8	1	6

=(120+504+6)−(80+162+28)=630−270=360

由此可見。二在中順行。五在中順行。兩數相等。五入中演變如下。

4	9	2
3	5	7
8	1	6

=—

9	4	2
5	3	7
1	8	6

=

9	4	2
1	8	6
5	3	7

即八在中逆行也。故二在中順行。即八在中逆行。八在中逆行。變爲八在中順行。如左:

9	4	2
1	8	6
3	5	7

=

5	3	7
1	8	6
9	4	2

=

7	3	5
6	8	1
2	4	9

八在中順行亦三百六十。算之如下。

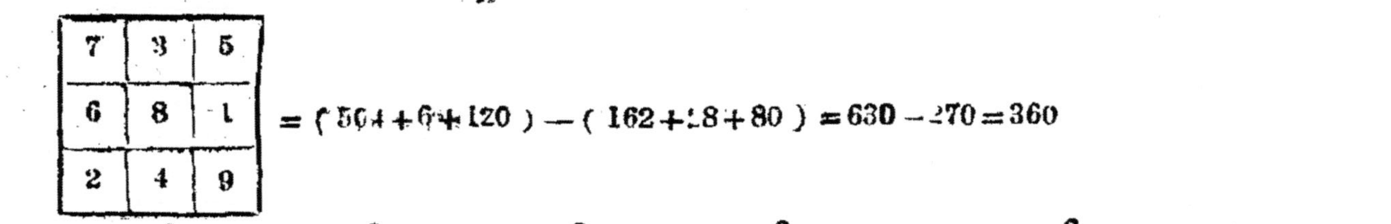

7	3	5
6	8	1
2	4	9

$=(504+6+120)-(162+28+80)=630-270=360$

由此推之。二入中順行。五入中順行。八入中順行。其積均三百六十。所謂順者二五八是也。順者爲三百六十。逆者當亦三百六十。逆者如二在中逆行。五在中逆行。八在中逆行。其法亦如上推之。均相等。爲三百六十。所謂逆者二五八是也。同例三六九亦如此。如左排列之。

2	7	9
1	3	5
6	8	4

$=(24+270+72)+(162+80+28)=306-270=36$.

其數爲三十六。

以三在中順行。如上法演之。

2	7	9
1	3	5
6	8	4

=—

7	2	9
3	1	5
8	6	4

=

7	2	9
8	6	4
8	1	5

三在中順行。即六在中逆行。由六在中逆行。可得六在中順行。如左：

7	2	9
8	6	4
3	1	5

=

3	1	5
8	6	4
7	2	9

=

5	1	3
4	6	8
9	2	7

故兩者相等。其數三十六也。

5	1	3
4	6	8
9	2	7

$=(210+72+24)-(162+80+28)=306-270=36$.

由此可知六入中之積數三十六。與三入中之數相等。由六入中順行。周而復始。變爲九入中逆行。可變爲順者也。今變之如左：

5	1	3
4	6	8
9	2	7

=

1	5	3
6	4	8
2	9	7

=

1	5	3
2	9	7
6	4	8

此即九入中逆行也。九入中逆行。其數積亦爲三十六。由九入中逆行。可變爲九入中順行。卽等三入中也。變九入中順行如下：

1	5	3
2	9	7
6	4	8

=

6	4	8
2	9	7
1	5	3

=

8	4	6
7	9	2
3	5	1

積數算如左。

8	4	6
7	9	2
3	5	1

=（72+24+210）（162+80+28）=306—270=36

九在中之數爲三十六。與三在中。六在中之數三十六相等。逆行者。演之如左：

1	5	3
2	9	7
6	4	8

=（72+210+24）−（162+28+80）=306—270=36

故三在中。六在中。九在中。其數均三十六。所謂九宮之三六九者也。

觀以上各數排列。知一四七在中之數爲一百四十有四。天地之數。始於一。終於九。成於三。一加三四也。四加三七也。七加三爲十。即一也。故一四七相連也。數爲一百四十四。即易爲坤之策也。

二五八在中者。其數爲三百六十。即易乾坤之策也。三六九之積數爲三十六。即八卦畫數。亦即易之南方四九之數。四九之積三十六也。何以爲二五八。二加三五也。五加三八也。故三者相連也。何以爲三六九。三加三六也。六加三九也。故三者亦相連也。此言數之大略也。若夫錯綜參伍。其式至夥。限於篇幅。不贅述焉。夫天下之理。一而已矣。其理同者。東西兩方。均可觸類旁通。擬議變化。如此方能盡易之能事。學者苟極深研幾。自能開物成務。故舉代數行列式互證。國人治易。尙形而上之學。每涉於虛妄。故以形而下之學以明之。使知有理可循。一掃虛玄之說而已。

十八 序言

余家世業韋編。昔從　先子問易。辨今古之同異。判漢宋之得失。略能窮其淵源。至於易之弘旨。未能及也。邇歲隱息吳門。早夕多暇。劬劬者惟易而已矣。於是陰陽之大義。乃別有利解。如惠張之譌舛。焦姚之岐途。皆有訂正之意。斯蓋易之爲道。非有家法師承者。不能得其要也。雖得其要矣。而不能博攷深思。亦無以窺其奧也。

九宮者。洛書也。與洪範同。周易亦殊途而同歸也。學者少知其理。是以知之者稀。洪範九事。卽九宮也。前人不察。衍爲太乙義門之說。庶不知太乙義門。與九宮無以異。術士眩人。巧立名目。淵博如抱朴。亦不能知之。其自叙稱「其河洛圖緯。一視便止。不得留意也。不善星書及算術九宮三棊太乙飛符之屬。人了不從焉。由其苦人而少氣味也。晚學風角望氣三元遁甲六壬太乙之法。粗知其旨。又不研精。亦計此輩率是爲人用之事。同出身情。無急以此自勞役。不如省子書之有益。遂又廢焉。」斯葛洪之欺人語也。蓋九宮者。卽洛書也。三元遁甲太乙。卽九宮也。名雖異。而其例一也。恐葛氏未嘗窺其學。甚矣其說之僨也。

嘗攷九宮之理。於漢已若斷若續。後漢書徐穉傳注稱穉習河圖。又方術樊英傳英善河圖洛書。是河洛漢人尚有習者。劉向深精洪範。(見金樓子立言篇)其作五行傳記。漢書五行志本之。誤讀一曰水。二曰火。三曰木。四曰金。五曰土。以一二三四之次第。誤以爲水一火二木三金四土五矣。此未能深超以道耳。蓋天祿校書。凡陰陽五行諸書。非向所親讎。故其說皮傳。與抱朴子等流爾。惟水二金四之誤。不始於劉氏。在逸周書已誤矣。後之書志典錄。悉襲劉向。世未有正其誤者。劉知幾文史通義。雖糾正漢書五行志。四科之說。似是而非。然其本源已誤。則皮之不存。毛將焉附也。可知古人讀書。於格物之理。皆闕焉而不知也。漢以後言明堂者。莫甚於北齊。其說見於北史者甚多。皆依附舛說。無足觀也。猶漢代博士言陰陽五行者。皆強相附會。究之生成之說。則如冠履倒置爾。說卦傳帝出乎震一章。言洛書也。加以五中。卽九宮也。其游宮。卽說卦傳所謂神也者。妙萬物而為言者也。至九宮之錯綜。卽序卦宮次世位也。學者極深研幾。窮神知化。見其動而觀其變。以數立象。始能歆習矣。

管子幼官篇。呂氏春秋十二紀。淮南鴻烈時則訓。所述九宮數。未能詳核。惟呂覽淮南十二支四維。似可采取者也。然淮南為精。因推算之術。後人勝於前人。故其說較善。他如乾鑿度。通卦驗。參同契。周髀算經諸書。為治九宮之要籍。惜此學久廢。知之者尠耳。

今之通書。載有年月紫白圖。不知始於何時。或謂出於魏正光曆。余家藏有宋紹興元年曆。年月紫白圖外。載有日紫白圖。九宮之色。與今通書同。惟一白二黑三碧四綠五黃六白七赤八白九紫。不知其起源。想術士譌造。證之神異記。則作坎黑坤黃震青巽青中黃乾白兌白艮黃離赤也。

九宮諸術至清季。學者稍有獵涉。梅文鼎俞正燮黃式三略知津涯。俞樾有演嘖。粗具規範。

書無說明但以三氣列九宮之式。亦缺而不全也。　先子有論八卦九宮無區別之說。爲古
人所未能知之者。本書論九宮與八卦一章。卽演繹　先子大義也。
今纂九宮撰一書。撰之爲言算也。原文冗長。刪去十之八九。得十八章。更名略者。撮其精要
而已。然已上探淵源。辨其同異。繼闡衆說。究正謬舛。說有不當。乃詳爲發揮。若訂正生成之
誤。使五行之說。有緒之可尋。九宮與八卦之列。亦列圖敘明。古今異說。一旦廓清。知我罪我。
聽之已爾。文王因羑。乃演周易。身處憂危。然後能發憤忘食。以名後世。今茲大亂。就避荒郊。
乃有以此相擬者。夫抗顏前聖。則余豈敢。傳述往哲。判析詳明。以啓後學。則庶幾近之矣。

序言參同契爲治九宮之要籍。恐學者疑其書爲方伎家言。依附錄拙著讀道藏頂記述參同契一則以明之。
道藏華笈中。如先秦諸子及淮南及參同契抱朴子諸書外。皆五斗米之徒所撰述。言不雅馴。參同契言辟卦潮汐（
卽納甲）九宮等。皆卅惜要。惟名稱已沿方士惡習。蓋秦始皇漢武帝時。方士所僞造者。伯陽皆奮引之耳。淺人不察。
以爲鍊丹之說。誤矣。徐及淳于學不逮魏。依附猶多。後人注釋。更失正義。及清仇兆鰲集採衆說（仇書後出。道藏未
錄）亦昧其理。此伯陽好奇。有以致之也。參同契言辟卦。明乾坤卦爻之用。言潮汐。明日月數引之理。言九宮。明坎離
水火之功。乃闡明易理之書也。
易見仁見知。雖邃讀者體撰通貫。然其稱名雖雜而不越。至道士之書。則雜而越矣。如坎。在易爲水。爲月。爲耳。道謂之玄
武。五行家其日壬癸。道士之書則增爲汞。爲丹。爲津。爲主瀨。爲陰血。爲玄武。爲腎。爲嬰兒。爲真水。爲虎之魄。爲姹女。爲

黑鉛。爲金精。爲靈根。爲玉壺。爲玉鑪。離在易爲火。爲日。禮謂之朱雀。五行家其日丙丁。道士之書則增爲鉛。爲藥。爲精。爲功曹。爲陽氣。爲朱雀。爲心。爲姹女。爲眞火。爲龍之魂。爲王。爲離女。爲瑤臺。爲朱汞。爲赤龍之趾。中央土，易謂之大衍。書謂之皇極。五行家其日戊己。道士之書。爲中宮。爲脾。爲黃婆。爲河車。爲黃家。爲黃伃。爲黃庭。爲明堂。爲大夫。爲丹房。爲皇極。乾在易爲首。道士之書。爲大腹。爲頭。爲天門。坤在易爲腹。道士之書。爲小腹。爲趾，震在易爲木。禮謂之青龍。五行家其日甲乙。道士之書。爲肝。爲青龍。爲舌。巽在易爲股。道士之書。爲膽。爲腹。爲地戶，爲禮部。艮在易爲手。道士之書爲膀胱。爲刑部。兌在易爲金。爲口。禮謂之白虎。五行家其日庚辛。道士書爲肺，爲白虎。爲金翁。爲尙書，庚辛爲金鼎。酉爲金華。其坎離兩卦。具象廣大。名目又多於虞荀逸象者。因方士養其一指而已，以坎離爲乾坤之大始成物。故重言而申明之。擬諸形容。象其物宜。名目益夥矣。今略攝其要。使知其本原。若竊取易之一二。闌左道旁門。其學不足貴也。

九宮考辨

九宮考辨

沈祖緜　瓞民學

一、九宮考原

易之言數。疑卜官作卦爻辭。尚未具備。乃治易者據數作進一步的探索。周易與九宮實是兩個範疇。但相互表裏。易之言數者。始見於周易繫辭傳。其言曰。

天一、地二、天三、地四。天五、地六。天七、地八。天九、地十。

又曰。

天數五。地數五。五位相得而各有合。天數二十有五。地數三十。凡天地之數五十有五。

今本周易二段不相連接。恐係錯簡。漢書律曆志引兩者連結。程頤移置天一至地十凡二十字。在天數五地數五之上。似本漢志。此皆言九宮之數。因易六十四卦。而九宮則八十一卦。就卦數而論。較周易已進了一步。漢書藝文志。龜著類。周易明堂二十六卷。疑即闡述九宮之書。沈欽韓曰。蓋即明堂陰陽之說。類魏相所采者。沈說近是。漢書魏相傳曰。

又數表采易陰陽及明堂月令奏之曰。臣相幸得備員。奉職不修。不能宣廣教化。陰陽未和。災害未息。咎在臣等。臣聞易曰。天地以順動。故日月不過。四時不忒。聖王以順動。故刑罰清而民服。師古曰。豫卦象辭也。忒差也。祖緜按。豫卦彖辭。非象辭。聖王原文聖人。天地變化。必繇陰陽。陰陽之分。以日為紀。日冬夏至。則八風之序立。祖緜按。余有八風考略。刊入章氏國學講習會學報第一期。萬物之性成。各有常職。不得相干。東方之神太昊。乘震執規司春。張晏曰。木為仁。仁者生。生者圜。故為規。南方之神炎帝。乘離執衡。司夏。張晏曰。火為禮。禮者齊。齊者平。故為衡。西方之神少昊。乘兌執矩。司秋。張晏曰。金為義。義者成。成者方。故為矩。北方之神顓頊。乘坎執權。司冬。張晏曰。水為智。智者謀。謀者重。故為權。中央之神黃帝。乘坤艮執繩。司下土。張晏曰。土為信。信者誠。誠者直。故為繩。祖緜按。官本引宋祁校說。司下土。浙本無下字。宋說元。茲五帝所司。各有時也。(下略)

魏相之說。史未言相治何家易。惠棟易漢學。以為漢人不言河圖洛書。採漢書魏相傳。可知其不然。魏相所奏明堂月令。即呂氏春秋十二紀。禮記月令篇。漢書藝文志。禮類有明堂陰陽三十三篇。明堂陰陽說五篇。其書雖佚。而管子四時五行輕重己三篇。呂氏春秋十二紀。淮南子時則訓猶存。可得其大概。惟魏相說中央之神黃帝乘坤艮執繩司土。恐漢時已有異說。蓋魏相以坤艮為土。因土無定位。借乘坤艮。不知土居中央。不必借坤艮為乘。當云乘中央執繩。司土。淮南子天文訓。中央土也。其帝黃帝。其佐后土。執繩而制四方。淮南子在魏前。其說較魏相為詳。至四維亦見天文訓。以子午卯酉為二繩。按此繩字與執繩之繩義異。高誘注。繩直也。丑寅辰巳未申戌亥為四鉤。東北為報德之維。艮維也。丑寅鉤也。西南為背陽之維。坤維也。未申鉤之。魏相云乘坤艮。即背陽報德兩維立說。東南為常陽之維。巽維也。辰巳鉤之。西北為蹏通之維。乾維也。戌實鈎之淮南之說。雖未言四維之用。較魏祖之說為勝。

二。周易卦爻辭五行考

欲知九宮。當先研究洛書五行者。洛書一部分之事。五行在周易中。尚未詳述。爻辭僅出金木。茲考之如下。

一、䷃蒙六三。見金夫。不有躬。　按古注存者有虞翻。此坎下艮上。坎中男。艮少男。皆夫之象也。中爻互震。震長男。亦夫也。互坤。坤道成女。六三。二五變兌。兌正秋也。西方屬金。又為震。震長男夫也。故曰金夫。不有躬。六三變。无坤。不有躬。猶言不有坤之謂也。

二、䷔噬嗑九四。噬乾胏。得金矢。　按胏。釋文。子夏傳作脯。孟喜作𩛩。說文食所遺也。从肉仕聲。易曰。噬乾𩛩。籀文胏。揚雄說。𩛩从𠂔。又釋文引字林。胏。食所遺也。一曰脯也。據字林脯為胏之一解。馬融曰。有骨謂之胏。鄭玄曰。胏簀也。簀疑漬之譌。詩小雅楚茨。鄭箋。剝消淹漬以為菹。漬上下有奪文。說文。簀。牀棧也。爾雅釋器。簀謂之笫。小爾雅廣服。簀。牀笫也。與噬乾胏不涉。陸績曰。肉有骨謂之胏。離為乾肉。又為兵矢。失位用刑。物亦不服。祖綿按。王弼注。若噬有骨之乾胏也。金矢者。取其剛直也。陸說離為乾肉。據說卦傳。以恒之。亦有此四字。

及燥萬物者。莫熯乎火立說。徐堅初學記卷二十六引王弼注。四體純一（困學紀聞一純作離）陰（御覽八六二陰作離）作離卦。骨之象。骨在乾肉。脯（王肅亦作脯。與子夏傳荀董同）之象。金象（祖縣。按象謂。困學紀聞作矢是也）所以獲野禽（以困學紀聞以作故）食之反得金矢。君子於味必思其毒。於利必備其難。此文各家注釋胏當從說文作𩛏。雷浚說文引經例辨云。今易作胏。即𩛏之或體。雷說遺重文。乾胏及矢當從陸績。至金字唐宋以後皆以金剛矢直措辭為多。惠棟周易述以乾為金。疏云離又為乾卦。乾為金。說卦文。……周禮大司寇。禁民訟。入束矢。禁民獄。入鈞金。惠氏疏六爻。以卦辭利用獄立說。細按卦辭亨上。似有奪文。至六三九四六五三爻。言百姓日用（見繫辭）之事。噬嗑象曰頤中有物。曰噬嗑。頤象曰節飲食。噬乾胏。易生疾病。所謂食不厭精。饋不厭細者是。

䷔噬嗑六五。噬乾肉。得黃金。虞翻注。陰稱肉。位當離。日中烈。故乾肉也。乾金黃。故得黃金。虞氏未解黃字之象。自唐迄明。皆主明罰敕法立說。而張根吳園易解。以黃金即鈞金。未免武斷。噬嗑與頤。同為謀食之卦。在噬嗑謀食維艱。故列噬腊肉。噬乾胏。噬乾肉三爻。而頤則自求口實。在頤之初六。舍爾靈龜。觀我朵頤。言飲食奢侈。以靈龜佐餐。是䷔噬嗑與䷚頤之別。在九四爻之變。此當以飲食立說。此云黃金。當據坤六五。黃裳元吉引伸之。左傳昭十二年。南蒯枚筮之。遇坤䷁之比䷇。曰黃裳元吉。……惠伯曰。黃中之色也。說文，黃，地之色也。是黃為土之證。論衡驗符篇。黃為土。位在中央。九家易。坤為黃。未諦。泥於坤為地。地是土。土色黃也。不知說卦傳其於地也為黑。義兩歧。且坤所包者廣。坤彖曰。坤厚載物。德合无疆。含弘光大。品物咸亨。不局於土行也。此爻太卜集當時諺語。以誡人節飲食。禮記曲禮曰。乾肉不齒決。注。堅宜用手。此云得黃金。係擬議之辭。得義同有。論語述而篇。三人行。必有我師焉。釋文作我三人行。必得我師焉。云、一本無我字。本或作必得。係得有古通之證。卜人術語。利指金。兌卦象之。噬嗑巽宮五世卦也。賁艮一世卦也。皆不在兌宮之內。今賁卦辭小利。小指艮。利字則无着落。噬嗑卦辭。利用獄。獄指中爻互坎。利字亦无着落。治易者讀此。咸固結不解。不知此係聯繫之作用。因賁䷕噬嗑䷔兩卦聯繫為離䷝。離中爻兌也。

四。䷫姤初六。繫於金柅。　柅。據王弼本。釋文，子夏傳作鑈。鑈，絡絲具也。王肅作柅。蜀才作尼。杘為正字。杘，徐鍇說文繫傳。杘，籆柄也。傳曰。籆即今絡絲籆也。杘其柄也。籆，說文收（絲者也）重文柅。杘或从木柅聲。鍇傳曰。按周易繫于金柅是也。徐鍇本另出柅。木也。實如梨。鍇本不出。鉉於杘下云。柅，女氏切。木若梨。此重出、鉉說不足據。子夏傳作鑈。鑈，說文无。係檷之譌。說文、檷，絡絲檷。讀若柅。徐鍇繫傳曰。按字書。絡絲柎也。柎，足也。說文。柎，闌足也。字書疑脫闌字。來成句。柎令俗作跗作趺。以柎解檷。似悖。檷柅似一字。後之治許學者，各創別義，使義反晦。蜀才作尼。尼止也。王肅作抳。抳、柅，說文不出。王云：柅，織績之物，婦人所用。正義又引馬融說：柅者在車之上，所以止輪，令不動者也。此又一義也。總之，柅為織績之器。柅初製時為木，故字从木。後改進為金，曰金柅。初爻變乾，乾為金，故曰金柅。

五。䷮困九四。來徐徐，困於金車。　釋文：徐徐，疑懼貌。王弼注：徐徐者，疑懼之意也。馬云：安行貌。子夏作荼荼。翟同。荼音圖。云：内不定之意。王肅作余余。釋文脫引。虞翻亦作荼荼。荼荼，安舒也。困卦六爻太卜爻辭，疑引當時民間歌謠，指商紂之酷刑。當從子夏傳荼荼為允。作徐徐者，後人涉九五乃徐有說而改。王肅因徐徐不得其解，改余余。其注亦佚。說文：余，語之舒也。歎息之辭，與爻義不侔。荼，廣雅釋詁：痛也。廣雅今脫。王念孫疏證據一切經音義卷十二、卷二十五引補入釋詁二。荼荼重言之詞。作荼亦與車叶。來當從虞翻咸九四憧憧往來注云：之内為來，之外為往。為允。困之九四與咸之九四同例。金車，惠士奇易說：昏禮諸侯親迎乘金車。九四來迎初六，而初入于幽谷，故有是象。兌金坎輪，故曰金車。其子棟承其說。又車從虞翻改轝。黎世序河上易傳以金車為周禮之金輅，鉤繁纓九就，建大旂以賓，同姓以封。周禮宗伯巾車文。蓋王者寵異其臣，以金車載之也。段復昌周易補注承黎說。惠、黎兩說與爻象全違。余疑金車係檻車。漢書陳餘傳逮檻車與王詣長安。師古曰。檻車者。車而為檻形。謂以板四周之。無所通見。釋名釋車。檻車。上施闌檻。以格猛獸。亦囚禁罪人之車也。畢沅疏證曰今本說亦囚禁罪人五字據文選長楊賦注引補。這種檻車是否紂之所製。在文獻雖无確實的證據。不過史記殷本紀云。紂手格猛獸。又云。百姓怨望。而諸侯有畔者。於是紂乃重辟刑。有炮烙之法。廣韵二沃。梏、手械。紂所作也。為紂制刑具之明證。困於金車。似與紂不无關係。困下卦井。初學記二十。刑罰。春秋元命苞。刑者侀也。說文曰、刀守井也。飲之人入井。陷於川。刀守之。割其情也。祖縣按。徐堅說謁。先徐堅有隋杜公瞻玉燭寶典孟夏紀注引。又有玄應一切經音義二十五卷本卷二十六。百卷本卷七十二引。皆不云說文。所引文亦不同。罔言為詈。刀守詈為罰。罰之為言內也。陷於害也。祖縣按。罔言為詈下。廣韵十月罰引刀守詈為罰。无守字。罰之為言內也。陷於害也。作罰之言罔陷於害。亦不同。下卦井。說文。刑。罰罪也。从井从刀。易曰。井法也。釋文。鄭玄。井。法也。鄭玄與許慎同時。惟說文不引鄭說。疑是古義。太卜所作困之爻辭。是指紂。井之爻辭是指周。

六、䷱鼎六五。鼎黃耳。金鉉。鉉。馬融曰。扛鼎而舉之也。虞翻曰。貫鼎兩耳。說文。鉉。舉鼎具也。易謂之鉉。禮謂之鼏。又鼏。以木横貫鼎耳舉之。周禮廟門容大鼏七個。即易玉鉉大吉。徐鍇繫傳云。按周禮亦謂之扃也。又扃外閉之户也。江藩周易述補注。鉉、鼎扃也。長三尺。疏。易玉鉉大吉也。鉉、字說曰。舉鼎具也。易謂之鉉。禮謂之鼏。許君以鉉鼏為一物。然禮云。設扃鼏。

祖緜按。設扃鼏。見儀禮士冠禮、士昏禮、公食大夫禮、士虞禮。明是肉物。則士喪禮不當言取鼏于鼎北。加扃不坐矣。鼏鉉兩義。似非許君之言。疑後人增入。乾為金。說卦文。江說可采。按儀禮士冠禮曰。設扃鼏。注曰。今文扃為鉉。古文鼏為密。又士昏禮注曰。扃所以扛鼎。鼏覆之。是扃與鉉為古今文。士喪禮注曰。扃即鉉字。玉篇卷十六。鼏覆樽巾也。又鼎蓋也。禮記禮器犧尊疏布鼏。注或作冪。廣韻二十三錫。鼏。鼏蓋。鼏乃鼎之譌。可證鉉與鼏異義。

以上六爻皆載有金字。爻辭亦出木。茲舉如下。

一、二三爻。困初六。臀困于株木。　此爻漢人注釋。惟九家易猶存。泥於五行立說。其說不足采。株。說文。木根也。株與殊、誅。皆朱之孳乳。說文。殊。死也。莊子在宥。今世殊死者相枕。釋文。殊。誅也。誅。討也。白虎通。誅伐。誅猶責也。釋名釋喪制。罪及刑人曰誅。誅。株也。如株木根。枝葉盡落也。廣韻十虞。誅。責也。釋名曰。罪及餘曰誅。如誅大樹枝葉盡落。畢沅釋名疏證。以為廣韻文有譌脫。疑非。王先謙釋名疏證補。未加辯證。引葉德炯說。亦膚。余疑株木為一種刑具。書舜典。朴作教刑。國語魯語上。薄刑用鞭朴。漢書刑法志說同。朴扑古通用。漢初笞刑。率多死。景帝元年。定箠令。丞相劉舍、御史大夫衛綰請笞者箠長五尺。其本大一寸。其竹也。末薄半寸。皆平其節。當笞者笞臀。毋得更人。可徵笞刑之具。漢時始有定率。此爻臀困於株木。株木為刑具无疑。漢書司馬遷傳報任安書。關木索。受木索關三木之木。亦可旁證。株木為刑具也。其象在爻中无巽无震。來知德治易專求於象。以中爻巽木居坎之上解之。不知爻各有位。以中爻解巽居三爻不可越爻言之。亦當以上下兩卦聯繫來取象。因困井兩卦聯繫為坎。坎中有震。

二䷴三漸六四。鴻漸於木。或得其桷。 說文。秦曰榱。周謂之椽。齊魯謂之桷。馬融曰桷、椽也。虞翻陸績同。程頤易傳。鴻趾連不能握枝。故不木棲。朱熹本義。鴻不木棲。錢時周易釋傳云。先儒謂不木棲。鄉間歲暮則止。棲于高木之上。先儒殆失考。錢氏詰程朱之非。其說亦有語病。錢氏係吾浙富安縣人。地居新安江上流。溪流湍急。非鴻雁宜棲之地。吾浙鴻雁棲止之區、新安江沿岸及樂清縣之雁宕、平陽縣之南雁宕、沿海沙地水鹹鴻所不棲。新安江沿岸居民。歲暮捕鴻。相率飛向富安等處。進叢林避弋人。此錢氏所目覩。以之釋。此爻。係一得之見。不足以包括全體。凡禽有水陸之別。其趾不同。家畜之雞鵝鴨。可以明證。爾疋釋鳥。鳧雁徐堅初學記卷三十。雁下有之字。衍。醜。其足蹼。郭璞注。脚指間有幕蹼屬相著。初學記引。作脚間幕蹼相連也。音卜。唐人本異今本。又其踵企。郭注曰。飛卻伸其脚跟企直。蹼。說文未出。玉海及廣韻一屋。引爾雅。集韻一屋。蹼蹼並舉、引爾雅郭璞注。鴻趾駢連。不能擇木而棲。有時入于木。或有得平柯而處之。此或字是指鴻。

以上二爻。皆有木字。金木為制器必需之物。故爻辭屢出之耳。周易卦爻辭制作時代。引五行之義。

考證如上。其後則彌精微矣。

三　十翼作者始據五行以明易考

尚書正義洪範。引大傳云。

金木者。百姓之所興作也。水火者。百姓之求飲食。土者萬物之資生也。是為人用。

此伏氏言五行原始之義。而以人用為重。可見五行之原始之義。是極簡單的。說文用。可施行也。方言六。用。行也。原始時代人見五行為養生必需之物。孟子盡心篇。民非水火不生活。書洪範。土爰稼穡。禮記大學。有土斯有財。三者皆言養生之舉。而周易卦爻辭不出。考五行始見於尚書甘誓洪範。逸周書小開武解云。

五行。一黑位水。二赤位火。三蒼位木。四白位金。五黃位土。

以五行配五色。自此始。後人又衍繹為種種事物。小開武解言一二三四五是次第。不是言數。又武順解云。

地有五行。不通曰惡。

孔晁注云。

金木水火土。更相生。

孔注以五行生克為說。其說更晚。又同解云。

人有中曰參。無中曰兩。兩爭曰弱。參和曰強。男生而成三。參三古通用。女生而成兩。五以室成。

室成以民生。民生章藁本作民民。盧文弨本改民生。民生以度。左右手各握五。左右足各履五。

此言五之用。與說卦傳參天兩地而倚數同義。惟說卦傳不言五十爾。中五在繫辭謂之退藏於密之密。潘殖忘筌書。殖初守王弼之學。後棄之。作忘筌書。以密為中五。其義出管子牧民篇。發善必審於密。執威必明其中。房注對密中二字亦未釋。五以室成。室成以民生。盧文弨校正臆改為五以成室。室成以生民。不可從。生成言數。上言參兩相和為五數之成。五以五為主。一六與二七。三八與四九。此四者乃生成之數。皆以五加之減之而已。如

一六。一加五為六。六減五為一。太玄經。玄圖。一與六共宗。

二七。二加五為七。七減五為二。太玄經。玄圖。二與七共朋。

三八。三加五為八。八減五為三。太玄經。玄圖。三與八成友。

四九。四加五為九。九減五為四。太玄經。玄圖。四與九同道。

五十。五加五為十。十減五為五。太玄經。玄圖。五與五相守。

上言一二三四五。及六七八九十。是言次第。並非生成之數。即天數、地數。當分為二。

天一、天三。天五。天七。天九。為生數。即奇數。奇數以◯明之。

地二、地四、地六、地八、地十、為成數。即耦數。耦數以□明之。

揚雄太玄經不言十。而繫辭云。

天數五。地數五。五位相得。而各有合。天數二十有五。地數三十。

揚雄五與五相守句。與繫辭義不同。天數五者。天一天三天五天七天九。五數相加為二十有五是也。地數五者。地二地四地六地八地十。五數相加為三十是也。若以五與五相守。以證地數。不能得三十。亦二十有五爾。揚說似據大衍之數而言。不知漢書律曆志以五乘十。大衍之數也。以九宮中五中十相乘之數。並未涉及八宮之數。

四、數字解詁

一至十之數。茲據甲骨文金文以及說文諸書。詁其字義如下。

一、說文惟初太極。大徐本太極作太始、疑非。道立於一。造分天地。化成萬物。 按河圖以一為太極。洛書以一代坎。丁山數名古誼。二乘一則為三。二乘一仍為二。乘作加字解。

二。說文。地之數也。古文弍。　按說苑辨物篇。二者陰陽之數也。其說不足從。凡物陰陽異類。祇能分二。不能兼二。劉說譌。洛書以二代坤。

三。說文。天地人之道也。古文弎。　按說文以三才立說。屬儒家言。老子。一生二。二生三。三生萬物。莊子齊物論。二與一為三。似道家言為勝。三門數。洛書以三代震。

四。說文。陰數也。象四分之形。𠃢古文四。（小徐本下有如此二字。）亖籀文四。　按甲文作亖。三。（殷墟書契前編。）孫詒讓栔文舉例。說文四字古文𠃢。籀文作亖。考甲文金文皆作亖。要以積畫為近古。未必皆出史籀。後遂疑亖當為古文本字。𠃢為籀文。許書傳寫多誤。容互易耳。孫說是也。以一二三亖證之。當以積畫為正。洛書以四代巽。

五。說文。五行也。从二。陰陽在天地之間交午也。乂古文五。（小徐本下有如此兩字。）　按甲文作8。𠄡。（見殷虛書契前編。）穀梁傳十六年。隕石于宋五。注引劉向曰。五。陽數也。漢書五行志下之下。亦引穀梁傳。繫以董仲舒劉向說同上。丁山數名古誼。以五互古義通。丁說是。繫辭參五以變。五或作伍。段復昌周易補注從班固改五為互。亦一旁證。丁氏又引子華子曰。五居中宮。數之所由生。一縱一橫。數之所由成。以為五之舊義亦是。子華子雖有人以為偽書。然言生成言醫理。疑皆引證古義。莊子讓王篇。呂氏春秋貴生先已誣徒明理知度審為六篇。已引子華子說。第書久佚。宋人綴拾而成。余昔作子華子理惑（文載制言四十九期）已詳論之。至五居中宮。不以卦名名之。以戊代之。說文。戊。中宮也。象六甲五龍相拘絞也。徐鍇曰。五土無定居。主在中。往來不相越。故曰拘絞。祖縣按。六甲五龍。指六十甲子。六甲謂六十甲子中甲子甲戌甲申甲午甲辰甲寅。是也。辰。王充物勢篇。辰龍。五龍謂六十甲子中甲子十二位中為戊辰。（距甲子五位）甲戌十二位中為庚辰。（距甲戌七位）甲申十二位中為壬辰。（距甲申九位）甲午十二位中為甲辰。（距甲午十一位）甲辰之位因居首。故不言甲辰。（此甲辰已在甲午十二位中）甲寅十二位為丙辰。（距甲寅二位）故戊辰庚辰壬辰甲辰丙辰為五龍。至拘絞。從宋治許學。均未利解。拘在周易隨上六。拘係之。拘絇通。絇。說文。纑繩絇也。儀禮士冠禮注。絇之言拘也。禮記曲禮下疏。絇為拘。釋名。屨。拘也。所以拘足也。絞。方言四。緉、緛絞也。注。謂履中絞也。說文。緉、絞也。拘絞本義。以屨之交結。會意。言六十甲子十干十二支。互相交結也。

六、說文。易之數。陰變于六。正于八。从入从八。　按。从入从八。治許學者咸以為疑。朱駿聲說文通訓定聲。以制字之先後。六先於八。不當以八解六。立說殊謬。許云變于六。指周易之爻變。正于八。指爻之不變。與制字之先後不涉。說文。正于八。是也。六字从入从八。入。說文。内也。內、入也。兩字互訓。猶言六雖變。而仍内於八也。管子五行篇。地理以八制。人道以六制。

注六少陰之數。六者兼三才之數。三才之數。指變而言。洛書以六代乾。在易乾為陽。而洛書以乾為陰。而義互歧。治易者尚未能辯明。茲列表附於下。

天一坎。	易陽	洛書陽。	
地二坤。	易陰	洛書陰。	
天三震	易陽。	洛書陽。	
地四巽。	易陰。	洛書陰。	

以上天一地二天三地四。易與洛書陰陽相同。

地六乾。	易陽。	洛書陰。	生成 六減五為一陽。
天七兌。	易陰。	洛書陽。	生成 七減五為二陰。
地八艮。	易陽。	洛書陰。	生成 八減五為三陽。
天九離。	易陰。	洛書陽。	生成 九減五為四陰。

以上地六天七地八天九。易與洛書陰陽不相同。在生成則合。是洛書之陰陽。當以生成之數推之。漢書五行志云。

五位皆以五而合。而陰陽易位。故曰妃以五成。

其說是也。惟下文以地二地四為生數。並謁解洪範二曰火。以為二七為火。四曰金。以為四九
為金。致矛盾百出。故洛書言五行之數。如〻〻春秋十二紀。禮記月令。揚雄太玄經玄數。鄭
玄繫辭天一地二章注。皆不知洪範五行。所謂一二三四。是言次第。不是言數。
七。說文。陽之正也。从一。微陰从中衺出也。 按、陽之正在周易指不變之言。甲文七形似十。有以
十解七者。其說難通。余疑〻為乙字。說文。乙、象春艸木冤曲而出。陰气尚強。其出乙乙也。與
｜同意。徐鍇繫辭傳曰。此甲乙字下迂曲也。｜音徹。祖緜按、說文｜部、上下通也。古本切。與此異。此｜直為甲字之｜。衺為乙字之乚。
同為出也。乙乙未展也。律曆志曰。奮軋而出。小徐此解殊勝。因乙在陰气尚強之時。奮軋而出。
七則在孟秋之月。陽气未衰。微陰从陽中衺出爾。是七與乙、在陰陽正相反。如左傳宣十五
年。故文反正為乏之意同。呂氏春秋孟夏仲夏季夏三紀。禮記月令。皆曰其數七。夏為盛陽之
時。以微陰之七為數。義膚。南齊書天文志。引蔡邕月令章句云。南方有火二土五。故數
七。說更武斷。以數推之。皆非也。洛書以七代兌。說亦未諦。七為不可分之數。說詳下十八章。
八。說文。別也。象分別相背之形。 按。白虎通婚嫁。七、歲之陽也。八、歲之陰也。又曰陽數七陰數
八。大戴禮本命篇。八者維綱也。盧辯注云。八為方維。八卦之數也。盧注方維。謂四方四維。
又剛當作綱。洛書以八代艮。

九。說文。陽之變也。象其屈曲究盡之形。　按。楚辭宋玉九辯序云。九者陽之數。道之綱紀也。素問三部九候論。肯於九。王砅注。九南方也。是九為南方可无疑也。管子幼官篇。用九數。注。九亦金之成數。其說非。南齊志天文志。引蔡邕月令章句云。西方有金四土五。故數九。說更武斷。九為離位。說卦傳云。離南方之卦也。與金不涉。似西漢自伏生始謬解。以九四之火二七之金互易。劉向父子校讐先秦經傳諸子時。私心妄改。後人又未能訂正。致鑄成大錯。

十。說文。數之具也。一為東西。丨為南北。則四方具矣。　按。甲文十為丨。丁山數名古誼云。縱一為丨。丨之成。基于十進之通術。丁說是也。十字甲文未發見。丨為符號。如十一作丨一。十二作仁之號。甲文合書如丨ㄨ作十五。四方之數。係算術圓容方。即洛書東震西兌。南離北坎。按四方據赤道立說。即天三震天七兌天九離天一坎之數。是奇數。以圓擬議之。許書以十解之。據十亦居中宮言。不在八卦之內。以己代十。又以己為陰土。以別戊之陽土。故己許氏解曰。中宮也。象萬物辟藏詘形（小徐本形下有之字）也。小徐繫傳云萬物與陰陽之气。藏則歸土。徐僅解藏字。而不解辟字。疑有脫文。根據陰陽兩字。似辟指乾。藏指坤。辟闢古通。荀子議兵篇。楊倞注。闢為辟同。漢書注。辟讀曰闢。（文帝紀及溝洫志凡二見。餘見諸傳不枚舉。）古時以乾坤代陰陽。繫辭云。闢戶之謂乾。說卦傳云。坤以藏之。似辟藏與乾坤有關。

五與十同為土。而用不同。五之用在生成。十之用洛書无之。九宮加以己十。以合天地之數。即奇耦之數。莊子在宥篇云。

廣成子曰。今夫百昌。皆生於土。而反於土。

百昌。釋文司馬云。猶百物也。藝文類聚九九。御覽九一五。引尚書考靈曜云。

通天文者明。審地利者昌。明者天之時也。昌者地之才也。

釋昌較莊子釋文引司馬說為勝。因土生之者五。反之者十。反說文覆也。又返為反之孳乳。廣雅釋詁二。返歸也。又釋言。歸返也。兩字互訓。伏生尚書大傳堯典云。名曰歸來。鄭玄注云。歸來言反其本也。所謂反即以十減各數也。

五. 九宮之數

大戴禮盛德篇。二九四。七五三。六一八。盧辯注云。記用九室。為法龜文。故取此數。以明其制也。

盧說是也。其式即今之所謂洛書。茲列圖如下。

巽4	離9	坤2
震3	中5	兌7
艮8	坎1	乾6

如圖。是洛書有五而无十。揚雄作太玄經本此。而未諳十字之用。故太玄經僅以卦氣來湊合九九八十一之數而已。反其本者。為十之致用。與五不同。如上圖乃是九宮之本。用十則與上圖之數全反。如下圖。以十減之。

巽6	離1	坤8
震7	中10 中5	兌3
艮2	坎9	乾4

十減離九為坎一
十減坎一為離九
坎離易位

十減震三為兌七
十減兌七為震三
震兌易位

十減坤二為艮八
十減艮八為坤二
坤艮易位

十減乾六為巽四
十減巽四為乾六
乾巽易位

十在算術中。係進一位。素問三部九候論注云。天地之至數。始於一。終於九。漢書律曆志。九者究極中和。為萬物元也。雖言黃鐘律長九寸。因十為九宮之反數。故九乘九宮。其數根與反數相同。茲圖如下。

4×9＝36 巽4	9×9＝81 離9	坤2 2×9＝18
3×9＝27 震3	中5 5×9＝45	兌7 7×9＝63
8×9＝72 艮8	坎1 1×9＝9	乾6 6×9＝54

如圖九乘九宮之數。其根適得十減九宮之數。此漢書律曆志。究極中和之理如此。以中為太極。和為无極。其說譌。中非五中而已。九宮之式取轉位。一二三四六七八九。皆可立極。故洪範以五入中為皇極。一二三四六七八九入中者為民極。其理在會於有極。歸於有極八字之中。子華

子言中和。亦據轉位言也。漢書律曆志三統之說。實不可據。惟其九為究極中和。此說為勝。漢書劉向傳。王者必通三統。孟康注曰。三統。天地人之始也。劉歆三統曆曰。

三統者、天施地化人事之紀也。十一月乾之初九。陽氣伏於地下。始著於一。萬物萌動。鐘（鍾鐘古通。）於太陰。故黃鐘為天統。律長九寸。九者所以究極中和。為萬物元也。易曰。立天之道曰陰與陽。六月坤之初六。陰氣受任於太陽。繼養化柔。萬物生長。楙之於未。令鐘剛強大。故林鐘為地統。律長六寸。六者所以含陽之施。楙之於六合之內。令剛柔有體也。立地之道曰柔與剛。乾知大始。坤作成物。正月乾之九三。（宋祁改九三為九二。誤。）萬物棣通。族出於寅。人奉而成之。仁以養之。義以行之。令事物各得其理。寅、木也。為仁。其聲商也。為義。故太族（族今通作簇。）為人統。律長八寸。象八卦。宓戲氏之所以順天地。通神明。類萬物之情也。立人之道曰仁與義。在天成象。在地成形。后以裁成天地之道。輔相天地之宜。以左右民。此三律之謂矣。是謂三統。其於三正也。黃鐘子為天正。林鐘未之衝。丑為地正。太族寅為人正。三正正始。是以地正適其始。紐於陽。東北丑位。易曰。東北喪朋。迺終有慶。答應之道也。

十二律。分六律六呂。以乾坤二卦之六爻。為十二月立說。呂氏音律篇。淮南子天文訓相同。惟中節音則異。劉氏強以乾之用九為天統。坤之用六為地統。以洛書之艮其數八。八八六十四。八卦之八為人統。致後世俗儒創天開於子。地闢於丑。人生於寅之謬說。班氏未能盡刪。沈約宋書律志序。已正其謬云。

班氏所志。未能通律呂本源。徒訓角為觸。徵為祉。陽氣施種於黃鍾。如斯之屬。空煩其文而為辭費。又推九六。欲符劉歆三統之數。假托非類。以飾其說。皆孟堅之妄矣。

齊召南宮本考證云。此志附會三統。誤多穿鑿。然皆劉歆條奏本文。而班氏述之。非班氏欲符劉歆三統之數也。齊說允。宋書曆上又云。

至孝成之時。劉向總六曆。列是非。作五紀論。向子歆作三紀曆。以說春秋。屬辭比事。雖盡精巧。非其實也。班固謂之密要。故漢曆志述之。

按劉氏三統曆。假易飾辭。矛盾百出。因據生成之理。未悉本原所致。錢塘律呂古誼。以歆篤守古制作。其說不足信。至三統術。為漢時曆數之一家。陳澧著有三統術詳說。釐正劉歆之譌。非沈約所謂假稱帝王。祇足以惑時人者比也。然其法已舊。且不及今時之密。天文家識其源流可也。

生成皆五與十之作用。惟五數用一加一減。此可謂生成也。十數用減。此所謂反也。數雖反。而生成亦反。故十數在減。數祇一至九。因十係進位。與九究極中和點、這又不可不辨。近之治易。

如曹籀籀書外編正十上中下三編。以正西教十字架強合十字之義。杭辛齋學易筆談十字架說。皆膚說也。

先秦諸子言生成者至夥。而讀者不諳五與十之關係。及方圓之分別。致對生成之說。流入虛无。漢書律曆志。引劉歆三統曆及譜云。

故春為陽中。萬物以生。秋為陰中。萬物以成。

劉說雖據四時春分秋分立說。實與生成之理違。因生成由五十兩數而來。不拘於春生秋成。後漢人解春秋者。如賈逵服虔之說左氏。何休之說公羊。並承歆說。以陰中陽中為義。皆非要旨。劉熙釋名釋天。以春生。夏生長。秋時成。冬終成。均於四時。其說亦膚。考說文。生、進也。象屮木生出土上。徐鍇曰土者吐出萬物。……故生從屮土。成、說文从戊丁聲。徐鍇曰。戊中宮成於中也。丁、成也。白虎通五行。丁者強也。是生成即由而生而成。故說文、土。地之吐生萬物也。二象地之下、地之中。丨物出之形也。在數以五與十出之。五數係生成。十係反數。然仍合一六。合四九。合三八。合二七生成之數。惟與五之生成相反。因五之生成。即十之反數。又與五之生成合十。繫辭所謂五位相得而各有合。即指此。五位相得。而各有合二句。重在位與相得。及各與有合也。惠棟易漢學引虞仲翔易云；

(上畧)仲翔曰五位謂五行之位。祖緜按，虞說謁。五位言天數五，即天一天三天五天七天九之五位，地數五，即地二地四地六地八地十之五位，非五行也。甲乾乙坤。相得合木。謂天地定位也。丙艮丁兌。相得合火。山澤通氣也。戊坎己離。相得合土。水火相逮也。原注，水火相通合土。參同契所謂三物一家，都歸戊己也。祖緜按，說見參同契下編，實言洛書之位，坎北離南中央戊己，虞說迂。庚震辛巽。相得合金。雷風相薄也。天壬地癸。相得合水。原注，虞注說卦水火不相射云，謂坎射厭也，水火相通，坎戊離己，月三十日一會於壬，故不相射。虞又注繫辭四生八卦云，乾坤生春，艮兌生夏，震巽生秋，坎離生冬，皆是字義也。祖緜按，虞翻家世治孟氏易，至翻以魏伯陽參同契納甲解之，不知魏言納甲，言月與潮汐之關係。參同契上云，坎戊月精，離己日光，日月為易，剛柔相當，土旺四季，羅絡始終，青赤黑白，各居一方，言九宮之五成，魏氏已明知月无光，借日之光以為光，借未能明白寫出，致後人謁解，而釋文引虞翻日月為易，以解易字，寔謁之至也。言陰陽相薄而戰於乾。故五位相得而各有合。祖緜按，虞翻此釋，在不能分析位與相得各與有合之故，並不能分易與九宮之別。

乙　丁　己　辛　癸

三木　二火　五土　四金　一水

甲　丙　戊　庚　壬

五位相得　祖緜按，此圖謁。

而各有合　不當引。

右圖見宋本參同契。當是仲翔所作。祖緜按，此圖謁，疑後人襲漢書五行志諸書僞造。與前說合。祖緜按，前說指虞翻魏伯陽徐景休淳于叔通說具在，與虞注異。月令所謂孟春之月。其日甲乙。孟夏之月。其日丙丁是也。祖緜按，管子四時篇所謂行令之日。月令又云。孟春其數八。孟夏其數七。祖緜按，其數七，古人以二為火，謁解洪範二曰火。蓋以土數乘水火金木而成。即劉歆大行之數也。原注，皇侃禮記義疏，以為金木水火得土而成，以水數一得土數五，故六也，火數二得土數五，為成數七，木數三得土數五，為成數八，又金數四得土數五，為成數九，參同契謂土旺四季，羅絡始終，青赤黑白，各居一方。皆稟中宮戊己之功。皆是物也。祖緜按。後人譌讀二曰火。四曰金。洪範二火四金是言次第不是言數。自呂氏春秋十二紀。已譌。朱子發作易圖及叢說。據仲翔甲乾乙坤。相得合木之注。以為甲一乙二。丙三丁四。戊五己六。庚七辛八。壬九癸十。乾納甲壬配一九。坤合乙癸配二十。殊不知納甲之法甲與乙合。生成之數一與六合。兩說判然。朱氏合而一之。漢學由是晦矣。

惠棟此說。拘於虞翻納甲之說。注引皇侃禮疏。在皇侃之前。已有劉歆在漢書五行志。鄭玄在禮記月令疏。兩說。惠氏不引劉鄭之說。而取皇侃。然三說皆譌讀洪範二曰火四曰金所致。

總之。生成之說。在周易其用尚不廣。至九宮。重在遊息之法。全憑此流轉。今述生成與五行之關係。明生成之用。以正漢人火二金四之謬。

六、洪範釋義

玆先申洪範之義。洪範初一曰五行。至威用六極六十五字。漢書五行志。以為皆洛書之本文。

洪範曰。

初一曰五行。五行一曰水。二曰火。三曰木。四曰金。五曰土。

洪範所謂一二三四五。是言次第。不是言數。自漢以來。言易及言術數之學。皆譌以二七為火。四九為金。實與生成之理。紕謬難通。漢書五行志。以此為武王問洛書於箕子。又曰箕子對。禹得洛書之意也。今尚書僅言九疇。未及洛書。是傳本之不同。九疇即洛書。流轉之法。是洛書為本。九疇為用爾。史記宋微子世家作九等。莊子天運篇作九洛。名異而實同。至董仲舒輩乃借洪範推陰陽數禍福矣。所謂生成。天數圜。圜為奇。生為奇數。即為天一天三天五天七天九。相加為二十五。即是繫辭所謂天數二十有五。地數方。方為耦。成為耦數。即為地二地四地六地八地十。相加為三十。即是繫辭所謂地數三十。後之言生成者。不能依於說卦傳參天兩地而倚數之理。以解生成。致以生數為成數。成數為生數。其誤始於洪範偽孔傳。一曰水。二曰火。三曰木。四曰金。五曰土云。

皆其生數。

孔安國亦不知一二三四五是言次第。不是言生成。至五雖天數。為生數成數之流轉。與繫辭所謂引而伸（伸一本信）之。觸類而長之也。清代治漢學。遂據孔安國注。致未能闡明。在左傳昭九年。

鄭裨竈曰。……火。水妃也。……妃以五成。

是生成之數由五而來。則五非固定之生數可證。杜預注云。

妃。合也。五行各有妃合。得五而成。……

杜注與繫辭五位相得而各有合義同。又左傳昭十七年，梓慎曰。

水，火之牡也。其以丙子若壬午作乎。水火所以合也。

杜預注曰。

丙午火。壬子水。水火合而相薄。

杜注取丙午壬子相薄立說。此取干支。在說文亦有干支立說者。如戊，解云。五行土生於戊。盛於戊。盛當為成。寫者所譌。

七. 論生成與五行之關係

明生成與五行之關係。當先釋字詁。錢大昕十駕齋養新錄云。

古人著書。舉一可以反三。故文簡而義无不該。姑即許氏說文言之。木東方之行金西方之行火南方之行水北方之行則土為中央之行可知也（祖緜按上言五行）鹹北方味也而酸苦辛甘皆不言方（祖緜按此言五味）羽水音也而宮商角徵皆不言音（祖緜按此言五音）青東方色也赤南方色也白西方色也而黑不言北方（祖緜按此言五色）黃地之色也而玄不言天之色（祖緜按此釋坤上六其血玄黃）鐘秋分之音鼓春分之音而不言二至（祖緜按此言八音八音出洛書與五行有關）笙正月之音管十二月之音而不言餘月。

祖緜按此言六律六呂、龍、鱗蟲之長。而毛羽介蟲之長不言。祖緜按以上言五禽、皆舉一二以見例。非有遺漏也。五藏配五行。古文說與博士說各異。唯腎為水藏則同。五經異義言之詳矣。其撰說文解字云。心、土藏、博士說以為火藏。而脾土藏。肝木藏。肺金藏。則但用博士說。不言古文異同。祖緜按呂氏春秋十二紀、言四時之祭、用五藏之上下之次也。不言五藏、蕭吉五行大義引文又異。亦舉一反三之例。

錢氏言簡而明。引說文尚有遺漏。言十干、甲位東方。丙位南方。戊中宮也。己中宮也。庚位西方。壬位北方。不言乙東方、丁南方、辛西方、癸北方四干。言五臭。羴呂氏春秋十二紀月令皆作羶、羶羴之重文、羊臭也。胜、呂氏春秋十二紀月令皆作腥、胜與腥異義、犬膏臭也。不言焦香朽、正字為朽、言五穀。麥秋種。稷以大暑種。不言菽麻黍。言四時。冬四時盡也。不言春夏秋。言四方。南、草木至南方。有枝任也。西、鳥在巢上。象形。日在西方而鳥棲。故因以為東西也。不言東北。皆舉一反三之例。因皆與九宮有關。故畧述之。欲知其詳。當參考白虎通。惟其書皆博士說。當有取舍也。至於五行原始之義。已見上述尚書大傳。在書洪範。鄭玄注云。五者言順天氣。疏云。五行即五材也。實與尚書大傳同。在釋名釋天。五行者。五氣也。於其方各施行也。由鄭玄說演繹而來。五材見左傳襄二十七年。天生五材。民竝用之。廢一不可。因古時物質殊少。特舉五取成數爾。茲列圖如下，

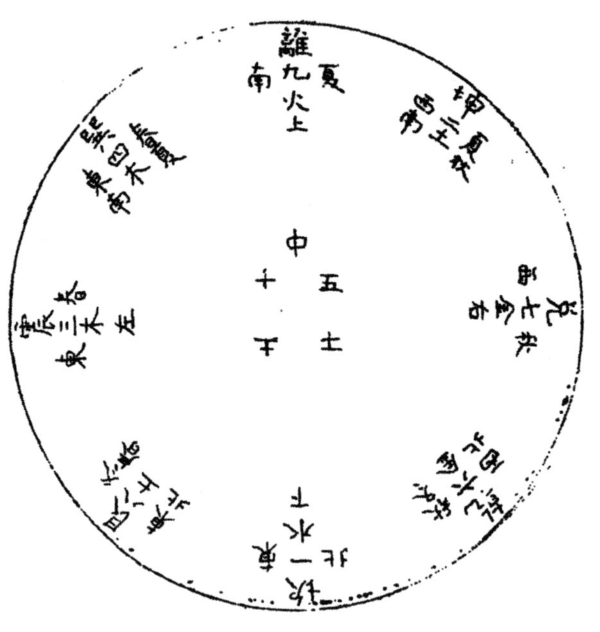

如圖。火在上。水在下。即書洪範所謂水曰潤下。火曰炎上是也。四方四時五行。乃古時仰觀天象。以定歲時有關。載在史記律書歷書天官書三篇。今律書亡佚。褚少孫所補。亦可推其大畧。後人說五行。實由四方四時而來。是俯察命之曰四。仰觀命之曰四時。皆由北斗而來立說。史記歷書漢劉徹詔御史曰。

蓋聞昔者黃帝合而不死。祖縣按。應劭孟康。釋此句皆謂。合。即五位相得而各有合之合。不死。即生成。名察。度驗。定清濁。起五部。祖縣按。應劭孟康以五部爲五行。建氣物分數。祖縣按。孟康曰。氣。二十四氣。物。萬物也。分。歷數之分。爲五行也。

此詔語尚未言五行之由來。天官書云。

斗為帝車。運於中央。臨制四鄉。分陰陽。建四時。均五行。移節度。定諸紀。皆繫於斗。

天官書言斗之作用。尚未詳備。鶡冠子環流篇云。

斗柄東指。天下皆春。斗柄南指。天下皆夏。斗柄西指。天下皆秋。斗柄北指。天下皆冬。

斗柄運於上。事立於下。斗柄指一方。四塞俱（或作皆）成。此道之用法也。

鶡冠子此篇亦據生成立說。惟對於生成與五行之關係。尚未能詳。斗者。北斗七星也。一日一移度。斗柄之所指。每日移一度。一年三百六十五日又四分之一日。等於北斗移動之數。周天一週。以昏見之方向分配四時。春所指為東。夏所指為南。秋所指為西。冬所指為北。古人以四時配四方者。即基於此。更進而論之。十二辰二十四時。亦由此而來。古國言五行者。皆云東方木也。於時為春。南方火也。於時為夏。等語。史記天官書所云。已較劉徹詔語為詳。其上文云。

用昏建者杓。杓自華以西南。夜半建者衡。衡殷中州河濟之間。平旦建者魁。魁海岱以東北也。

杓衡魁皆北斗七星之三。昏建夜半平旦建三者。言對北斗之行度。司馬遷言地域。據中國所屬地區而言。天官書所說星座。雖據赤道星象分為二十八宿。以定四方之位。惟對於氣候寒溫。則根據赤道。今日南方火，即指赤道。以北而言。或言五行。即唐都言星。此說非也。

天官書引書堯典。北斗七星。所謂在旋璣玉衡以齊七政也。七政即日月五星。王朔云。
察日月之行。以揆歲星順逆。祖縣按、歲星即木星、曰東方木。主春。日甲乙。
察剛氣。以處熒惑。祖縣按、熒惑即火星、曰南方火。主夏。日丙丁。
曆斗之會。以定填星之位。祖縣按、填星即土星、曰中央土。主季夏。日戊己。
察日行。以處位太白。曰西方。秋。……日庚辛。
察日辰之會。以治辰星之位。祖縣按、辰星即水星、曰北方水。……主冬。日壬癸。

天官書木火金土水五星。以五行釋之。上言南宮衡大微。三光之廷。司馬貞索隱引宋均曰。三光。日月星也。近人朱文鑫天官書恒星圖考云。

三光者。日月五星也。日之視行。恒在黃道。月與五星。若皆循黃道而行。其軌與黃道斜交。據近測月道入黃道南北五度八分四十秒。水星七度零八秒。金星三度二十三分三十五秒。火星一度五十一分二秒。木星一度十八分四十秒。土星二度三十分。太微垣南接黃道。為日月五星必經之路。故曰三光之廷。

朱氏解三光之廷。是也。至王朔以五星與五行有關。素問金匱真言論。其說相同。歧伯曰。東方青色。……其應四時。上為歲星。……南方赤色。……其應四時。上為熒惑星。……中央黃色。

……其應四時。上為鎮星。……西方白色。……其應四時。上為太白星。太白即金星。……北方黑色。……其應四時。上為辰星。其言氣與王朔同。漢書律曆志曰。五星之合五行。水合於辰星。火合於熒惑。金合於太白。木合於歲星。土合於填星。三辰五星而相經緯也。三說相同。

八、論土之來歷證明參兩之義

五行出於生成。在於數。數即五之加減。反則為十之減。五行之土。土之來歷。究竟從何而來。乃出於土圭。周禮大司徒之職曰。

以天下土地之圖。周知九州之地。

是在天五宮二十八宿之星辰。已據赤道南北。凡目能所見者。皆列入之。至地則土圭為標準。故又曰。

以土圭之灋測土深。鄭司農曰。測土深。謂東西南北之深也。祖縣按。深有探意。說文。探遠取之也。正日景以求地中。日南則景短。多暑。日北則景長。多寒。日東則景夕。多風。日西則景朝。多陰。日至之景。尺有五寸謂之地中。

置土圭之處。周以前失考。至周姬旦築測景臺於陽城。鄭司農注此。今潁川陽城地為然。是漢承周制也。又司馬政官土方氏云。

掌土圭之法。以致日景。

以兩說證之。乃五行之土。以測景臺為基點。南暑北寒。由測景臺基點而定。不以赤道。故氣之寒暑。以其基點而定。五行與四時四方。其不同之點。四時四方不兼中央。而五行則兼中央。中央周官謂之地中。又重言以申明之曰。

地中。天地之所合也。四時之所交也。風雨之所會也。陰陽之所和也。然則百物阜安。乃建王國焉。制其畿內千里而封樹之。

蓋當時立測景臺。取其地物産豐饒。四方各千里。為四通八達之區。以建國都。四時本指天時。四方本指地理。故不用國都而用人事。而土則切於人事。人事者何。萬事是也。因生萬物成萬物。皆土之功用。故說文土、地之吐生萬物者也。許氏此解。分別地與土之別。地之瘠磽。對人類之生存未能發展。有土方能種植。禮記大學亦有土此有財。因地載萬物。禮記郊特牲文。財即萬物。上古之世由土圭而發生四方四時。又由四方四時産生五行。在石器時代之後。而生青銅時代之際。遂以五種簡單之物質。有益百姓日用所需。百姓日用見繫辭。定名五行。至後世治天官者。孳乳為五星。治醫者推衍為五藏五氣五味。儒家又益以五常。名目遂多。至伏生董仲舒眭弘夏侯勝京房劉向父子谷永李尋之徒。又以五行數禍福。說更支蔓矣。

五行出於生成。在於數。數即五之加減。反之為十之減。以生成解五行。是以數立說。周髀算經云。

數之法。出於圓方。圓出於方。方出於矩。矩出於九九八十一。

易以八立率。為八八六十四卦。九宮以九立率。為九九八十一卦。較周易多十六卦。內有五五者。非卦名。在揚雄太玄經玄圖。五與五相守。是洪範之皇極與繫辭地十之說。不能相合相得。是揚雄拘於一隅。尚未能貫徹全體。九九八十一之數。乃方圓。方為耦。圓為奇。奇為參。天耦為兩地。參與兩。實係數根。周髀算經云。

方為圓者。謂之圓方。圓中為方者。謂之方圓也。

又列二圖如下。

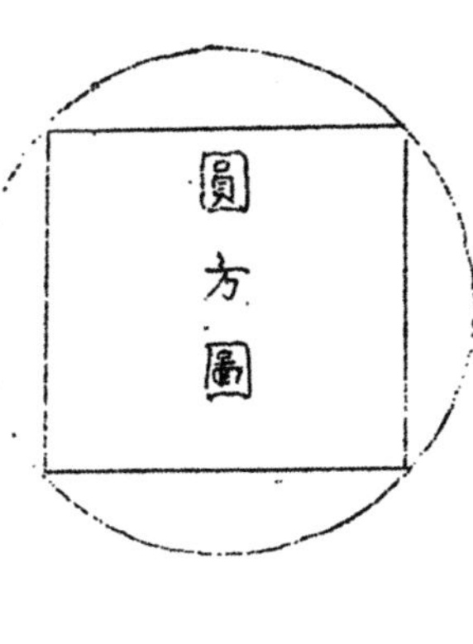

玆先言生。求生以圓圖為法。即說卦傳謂之參天。今列圖如下。

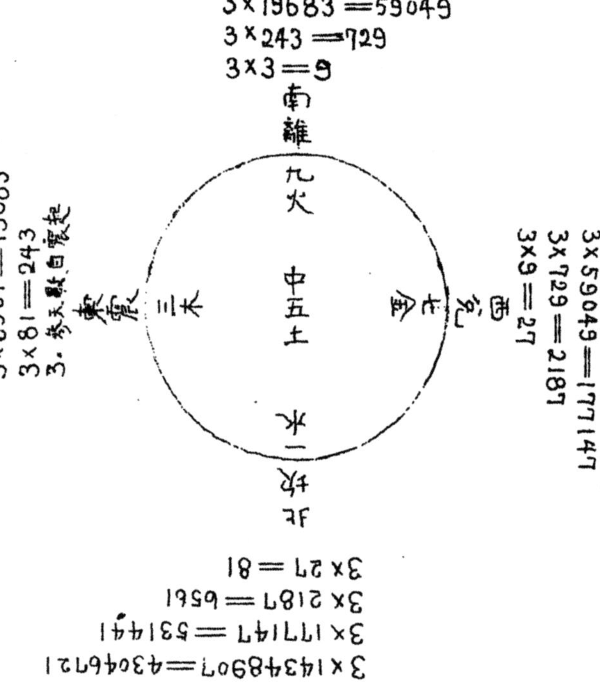

上圖以參天立說。參義見通閒黃氏順解。不以天一，而用參天。說卦傳參天而倚數。虞翻注。參，三也。故以震三為倚數，其實天一倚數亦同。將三而參之為九。即為離九。將九而參之為二十七。去二十不用即為兌七。將二十七而參之為八十一。去八十不用即為坎一。將八十一而參之為二百四十三。去二百四十不用即為震三。以此類推。至无窮數。其根為三九七一。故史記律書云參言萬物可參也。義允。凡奇數以順倚數。乾鑿度云。

易一變而為七。七變而為九。九者。氣變之究也。乃復變一。一者形變之始。祖緜按。列子天瑞篇。始下有也字。

此用逆。似與理悖。似原文七變而為九下。脫九變而為三句。乾鑿度上文言氣形質具四者。蓋僅言氣形。似奪某者質變之某也。某者具變之某也二句。列子天瑞篇。作九變者究也。俞樾曰。變字衍文。本作九者究也。因涉上文一變而七。而誤為九變。詞贅矣。孫詒讓曰。此章與易緯乾鑿度文同。九變者究也。緯作九者氣變之究也。與下一者形變之始也。文正相對。此書當亦與彼同。孫說是也。列子奪氣之兩字。淺人據集。遂改為九變者。宜從孫說校正。俞說无當。孫氏對於七字。尚未據質字研究及之。至具字或以具包括氣形質三者而言。但據禮記祭統官備則具備。具字可獨立。爾雅釋地。吳越之間有具區。邢疏。具區古文以震澤。則亦有震義。以上言參天倚數之大略。

次言成。求成以方圖為法。即說卦傳謂之兩地。注兩耦也。係雙數。鄭玄周禮司徒媒氏注。必言兩者。欲得其配合之名。是兩係成數。非生數可證。而漢人解生成者。謂地二生火於南。地四生金於西。不獨方位顛倒。而生成亦錯誤。茲列圖如下。

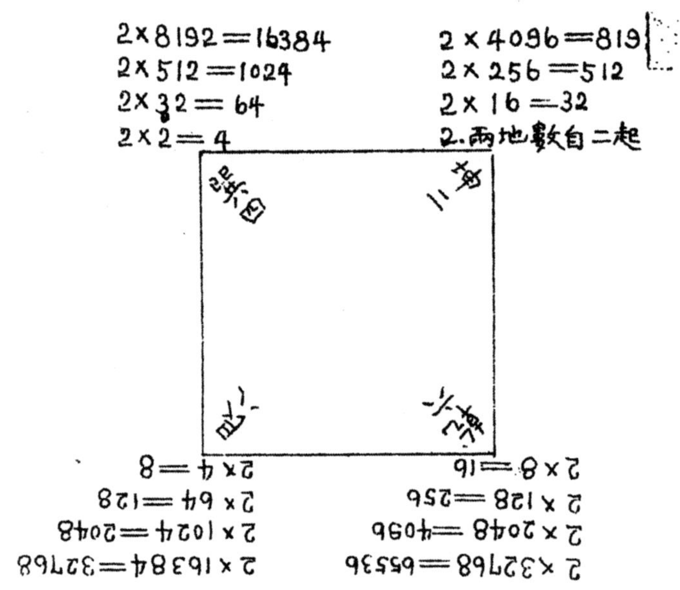

如上圖即兩地之數。地指偶數。始於二。二者偶數之母也。故以坤二為倚數。說卦以兩地而倚數。注兩、耦也。偶耦義同。上參天倚數用順。兩地倚數用逆。將二兩兩之為四。即為巽四。將四兩兩之為八。即為艮八。將八兩兩之為十六。去十不用。即為乾六。將十六兩兩之為三十二。去三十不用。即為坤二。以此類推。至无窮數。其根為二四八六。由奇耦二圖推之。乃知生成之理。不能相混。因其根各不相同也。

茲言生成。前言生成由五數之加減。茲復列圓方方圓二圖。以明生成之例。茲列圓方圖如下。

五數加減

坎一、乾六 ── 水 ── 乾六、坎一

震三、艮八 ── 木 ── 艮八、震三

坎乾震艮四卦為陽卦。以生數起。得一六與三八。

巽四、離九 ── 火 ── 離九、巽四

坤二、兌七 ── 金 ── 兌七、坤二

巽離坤兌四卦為陰卦。以成數起。得二七與四九。

生成之理。當以周髀算經圓方方圓二圖解之。即得其率。方圓圖例同圓方圖。不贅。

凡奇數為生。耦數為成。奇為天數。耦為地數。以上圓方二圖數根證之。可信。

九、辨二七為火四九為金之譌

至於一六生成為水。三八生成為木。四九生成為火。二七生成為金。五十生成為土。後人謬解者有三事。今正之如下。

一、誤讀洪範一曰水。二曰火。三曰木。四曰金。五曰土。遂以一二三四五為數。致誤二七為火。四九為金。與參天兩地之例全違。

二、漢人說火七金九。不獨數目不合。而方位亦顛倒。如地二生火。地四生金。地二地四係成數。不是生數。與北堂書鈔引洪範五行傳。地者成萬物也。義全悖。

三、火七金九。先秦諸子。如管子牧民篇。墨子迎敵篇。呂氏春秋十二紀。及素問諸篇等皆以火七金九立說。想係古時誤解洪範之說所致。

火七金九之說。在劉向以前者。有歐陽大小夏侯三家。習伏生尚書。作大傳。其說為最早。盧見曾所刊尚書大傳。載盧文弨續補遺。引御覽云。

天一生水。地二生火。天三生木。地四生金。前四疇乃王極（今本洪範作皇極）之體所以建。故配其生數。地六成水。天七成火。地八成木。天九成金。後四疇乃王極之用所以行。故配其成數。天五生土。以王極一二三四。皆由五數而成六七八九。是水火木金。皆賴乎而成。此王極所以為八疇之要樞也。

此言生成焉。病在未能分奇耦之數。漢以後解洪範者。據此而解。漢書律曆志引劉歆作三統曆云。

天以一生水。地以二生火。天以三生木。地以四生金。天以五生土。

劉歆說生。地二生火。地四生金亦襲歐陽大小夏侯三家而論。又同書五行志釋左傳昭九年。妃以五成。及水火之牡也云。

天以一生水。地以二生火。天以三生木。地以四生金。天以五生土。五位皆以五而合。而陰陽易位。故曰妃以五成。然則水之大數六。火七、木八。金九、土十。故水以天、為火二牡。木以天三為土十牡。土以天五為水六牡。火以天七為金四牡。金以天九為木八牡。陽奇為牡。陰耦為妃。故曰水火之牡也。火水妃也。於易坎為水。為中男。離為火。為中女。蓋取諸此也。

妃以五成及水火之牡也。乃春秋時代治五行者之術語。其理未詳述。漢人論讀洪範二曰火。四曰金。二四是次第。不是數。以數解此。致固結不解。如以水以天一為火二牡。至火水妃也六十言未免支離。生成之牡妃。係五之加減。反之則用十。如水之一六。離之二七。則其數不符五十。若以坎水之一六。離火之四九。以陽奇陰耦互相牡妃。如下(六一/四九)。一九相加為十。六四相加亦為十。又以震木之三八。兌金之二七。亦以陽奇陰耦互相牡妃。如下(八三/二七)。三七相加為十。八二相加亦為十。而數與方位。方合於例。禮記月令疏。引鄭玄注易繫辭云。

天一生水於北。地二生火於南。天三生木於東。地四生金於西。天五生土於中。陽无耦。陰无配。未得相成。地六成水於北。與天一并。天七成火於南。與地二并。地八成木於東。與天三并。天九成金於西。與地四并。地十成土於中。與天五并也。

鄭氏此注。亦譌讀洪範以二為火四為金。又譌以地二地四為生數。左傳疏昭九年又引鄭氏易繫辭注云。

天地之數各有五。五行之次。一曰水。天數也。二曰火。地數也。三曰木。天數也。四曰金。地數也。五曰土。天數也。此五者。陰无匹。陽无耦。故又合地六為天一匹也。天七為地二耦也。地八為天三匹也。天九為地四耦也。地十為天五匹也。二五陰陽各有合。然後氣相得。施化行也。

鄭氏此注。仍譌洪範二曰火。四曰金。以二四為數。二五陰陽各有合句。有語病。置地十而不顧。中揚雄太玄經玄圖五與五相守之毒。匹即上文之配。又作妃。鄭氏之學。師出多門。兩注各承師法言也。與鄭氏同時。高誘注呂氏春秋。

孟春紀。其數八。注云。五行數五。木第三。故曰八。

孟夏紀。其數七。注云。其數成功五。火第二。故曰七。

季夏紀。中央土。……其數五。注云其數五。五行之數土第五也。

孟秋紀。其數九。注云其數九。五行數五金第四。故曰九。

孟冬紀。其數六。注云其數六。五行數五水第一。故曰六也。

高誘注。能知洪範言五行之次第。惜不能分析次第與數之別。誘注淮南子時則訓對其數某。皆不著一字。上海涵芬樓景印劉泖生名履芬影寫北宋本。弁首為高誘叙。署名為大尉祭酒臣許慎記上。注其數某。全龍袞高誘呂氏春秋注。惟孟夏紀其數七。高云其數七。景宋本作生數五。兩說似皆譌。成功二字費解。生數五。係土數五之譌。惟許慎說文解字言一二三四等數字義皆全違。似非許慎所作。可證後之俗子。龍袞高誘之說。勦龍袞成篇。

生成當從五之加減。以陽卦為一類。即坎一乾六震三艮八。陰卦亦為一類。即離九巽四兌七坤二。至地十減各卦之數。即得相反之數。如十減坎一即為離九。十減離九即為坎一。皆取對宮。不贅。

二七為火。四九為金。以數算之可證其譌。折中附論。困泥於舊說。仍不能明辯其是非。

古人懷疑及此者。首見於素問五常政大論。以三氣之紀立論。三者太過之氣。不言數。故不引。其言曰。

黃帝問曰。……願聞平氣。……岐伯對曰。……木曰敷和。火曰升明。土曰備化。金曰審平。水曰靜順。帝曰其不及奈何。岐伯曰木曰委和。火曰伏明。土曰卑監。金曰從革。水曰涸流。……岐伯又曰敷和之紀。……其數八。升明之紀。……其數七。備化之紀。……其數五。審平之紀。……其數九。靜順之紀。……其數六。

上以二七為火。四九為金。其數與金匱真言論同。下言不及之氣紀云。

委和之紀。是謂勝生。……眚于三。……伏明之紀。是謂勝長。……眚于九。……卑監之紀。是謂減化。……其眚四維。……從革之紀。是謂折收。……眚于七。……涸流之紀。是謂反陽。……眚于一。

此言數。方與生成之說合。蓋欲彌縫前說之非。不敢公然破之。至其眚四維句。亦有語病。四維即成數。青字書无王冰五運行大論注。作災青字當為眚。又禮記月令孔穎達疏云。

案尚書洪範云。一曰水。二曰火。三曰木。四曰金。五曰土。故其次如是。

孔穎達等撰正義。已知一二三四五是次第。而下文又以二七為火。四九為金等說作疏。何耶。又宋司馬光作潛虛。實本荀子天論。心居中虛以治五官之說。其後蔡沈作洪範數大畧。倣潛虛而作虛。其言曰。

虛之為陰陽者二。範之為陰陽者六。範之五行。一六為水。二七為金。三八為木。四九為火。中五為土虛之五行。一六為水。二七為火。三八為木。四九為金。五十為土。一本九宮。一本生成。雖異而實同也。

蔡氏已知後說之非。別創游移兩可之說。更不知九宮之立成。由于生成。使是非不辯矣。

十、論遊息之法

太一遊息之說。見乾鑿度鄭玄注。乾鑿度曰。

故太一取其數以行九宮。四正月（祖緜按、王詠霓校云、月揆維。叙謙牧堂抄本作四、是也。）維皆合於十五。

鄭玄注云。

太一者。北辰之神名也。居其所曰太一。常行於八卦日辰之間曰天一。或曰太一。出入所遊息於紫宮之內外。其星因以為名焉。故星經曰天一太一。主氣之神。行猶待也。四正四維。以八卦神所居故亦名之曰宮。……太一下行八卦之宮。每四乃還於中央。中央者。北神（祖緜按、神為辰之譌。）故因（祖緜按、後漢張衡傳注引无因字。）謂之九宮。天數大分。以陽出。以陰入。陽起於子。陰起於午。是以太一下九宮。從坎宮（祖緜按、王校抄本无宮字。）始。坎中男始。亦言無適（祖緜按、王校云。適抄本作偏。）也。自此而從於坤宮。坤母也。又自此而從震宮。震長男也。又自此而從巽宮。巽長女也。所行者半矣。（祖緜按、後漢書張衡傳注作所以行半矣。王校云、抄本無者字。）還息於中央之宮。既又自此而從乾宮。乾父也。又（祖緜按、又從抄本補。）自此而從兌宮。兌少女也。又自此從於艮宮。（祖緜按、王校云抄本從於作而從、下離宮同。）艮少男也。又自此從於離宮。離中女也。行則周矣。上遊息太一天一之宮。而反於紫宮。（祖緜按、張衡傳引作上遊息太一之星、而反紫宮。又按沈濤十經齋文集史記太初元年歲名辯肥改離宮非。紫宮天宮書在中宮。）行從坎宮始。終於離宮。數自太一行之。坎為名耳。（祖緜按、坎數一。）

此言九宮之遊息據中五而定。而一二三四六七八九之數。入中宮轉位之式。可依鄭玄注次第推之。每四乃還於中央句。是每四據兩項四個卦位而言。第一項從坎一至坤二。又從坤二至震三。又從震三至巽四。其次為一二三四。至四乃還於中央五。第二項又自中央五至乾六。從乾六至兌七。又從兌七至艮八。又從艮八至離九。其次為六七八九。所謂行從坎宮始。終於離宮是也。至生成之數。即在一二三四與六七八九聯繫之中。有人說每四之四字。以為坎一至坤二相隔四位。坤二至震三。又相隔四位。兌七至艮八。相隔四位。艮八至離九。相隔四位。此說與鄭注全悖。至一二三四入中。其生成在坎與中宮聯繫。六七八九入中。其生成在離與中宮聯繫。說在下各圖。不贅。

十一　太玄經探原

自春秋以來。對於九宮生成之數。多係講說。以致九宮之大用。如律、如曆、如度量等。古時立率之源。皆在若明若昧中。沈約之語劉向父子。是曙光也。揚雄作太玄經。劉歆桓譚稱之。後人以為九宮。其實由卦氣而來。並非九宮。

卦氣始見於稽覽圖。漢時治曆者皆宗之。揚雄作太玄。以準太初曆。

卦氣六十卦 每卦直六日七分	太玄八十一家 每家直四日有半
1. 中孚	中
2. 復	周
3. 屯 內卦主冬至 外卦主小寒	礥 閑
4. 謙	少
5 睽	戾
6. 升	上 太玄升增一家 二
7. 臨	狩
8. 小過 內卦主大寒 外卦主立春	羨
9. 蒙	差 童
10. 益	增
11. 漸	銳
12. 泰	達 交 太玄泰增一家
13. 需 內卦主雨水 外卦主驚蟄	耎 傒
14. 隨	從
15. 晉	進
16. 解	釋
17. 大壯	格
18. 豫 內卦主春分 外卦主清明	夷 樂
19. 訟	爭

20. 蠱
21. 革
22. 夬
23. 旅（內卦主穀雨 外卦主立夏）
24. 師
25. 比
26. 小畜
27. 乾
28. 大有（內卦主小滿 外卦主芒種）
29. 家人

務 事（太玄蠱增一家） 更 斷 毅（太玄夬增一家） 裝（太玄旅減一家） 衆 密 親（太玄比增一家） 斂 彊 睟（太玄乾增一家） 盛（太玄大有減一家） 居

30. 井
31. 咸
32. 姤
33. 鼎（內卦主夏至 外卦主小暑）
34. 豐
35. 渙
36. 履
37. 遯
38. 恒（內卦主大暑 外卦主立秋）
39. 節

法 應 迎（太玄咸增一家） 遇 竈（太玄鼎減一家） 大 廓（太玄豐增一家） 文 禮 逃 唐（太玄遯增一家） 常（太玄恒減一家） 度 永（太玄節增一家）

40. 同人

41. 損

42. 否

43. 巽　內卦主處暑　外卦主白露

44. 萃

45. 大畜

46. 賁

47. 觀

48. 歸妹　內卦主秋分　外卦主寒露

49. 无妄

50. 明夷

昆

減

唫

守　太玄否增一家

翕　太玄巽減一家

聚

聚

飾

疑

視　太玄觀增一家

沈

內

去

晦

瞢　太玄明夷增一家

51. 困

52. 剝

53. 艮　內卦主霜降　外卦主立冬

54. 既濟

55. 噬嗑

56. 大過

57. 坤

58. 未濟　內卦主小雪　外卦主大雪

59. 蹇

60. 頤

窮

割

止

堅

成

闕

失

劇　太玄大過增一家

馴

將　太玄未濟減一家

難

勤　太玄蹇增一家

養

太玄經本卦氣七十二候。強以一家四日有半。湊合一年三百六十四日有奇之數。不知卦氣之排列。由於貞辰之進退。是有緒可尋。而太玄湊合卦氣。變七十二候為八十一家。以二十八宿纏宿立說。不知歲差之理。殊失其本。无怪羅孔畜範疇圖數栽成。譏之在方圓解。

箕子因洛書而演疇。當世述之僅載尚書一篇。後无傳焉。（祖緜按。逸周書箕子解。惜文全佚。不知與洪範有關否。）若劉氏之演義。（祖緜按。即劉向洪範五行傳。）入于推測。揚氏之太玄。出於杜撰。（下畧）

羅氏譏太玄出於杜撰。不是的論。因太玄八十一家之次第。實勦襲卦氣。但未諳卦氣之原則。任意湊合。是其所短。又改易卦名。後世如衛元嵩元包。關朗洞極。司馬光潛虛。蔡沈洪範皇極解。皆立新名為卦。使閱者糢糊不定。始作俑者自揚氏始。

揚氏因卦氣湊合八十一家。襲乾鑿度九宮之說。又不敢提出九宮之名。在玄圖云。更名九營。而下文又云。九虛設闢。君子小人所以為宮也。在玄宮云。下欱上欱。（欱。尔疋欱合也。說文。欱會也。原注歙也。歙字書无。疑欱猶合也。）出入九虛。小索大索。周行九度等語。均指九宮而言。惜未能貫通。故立論多違。至生二成亦以二七為火。四九為金之譌。

卦氣為治曆明時之用。其說本於稽覽圖。漢人六日七分之學。若後漢之劉洪乾象術。（見後漢書補志律曆志）魏楊偉景初術。（見魏志明帝本紀）後魏張龍祥正光術。李興業興和術。（並見魏書律曆志）至唐一行大衍術。始改舊法。

新唐書曆志。引一行六卦議曰。

十二月卦。出於孟氏章句。其說易本於氣，祖縣按，卦即卦氣，而後以人事明之。京氏又以卦爻配期，坎離震兌。祖縣按，說文，期會也。其用事自分至之首。祖縣按，分指春分秋分，至指冬至夏至。皆得八十分之七十三。頤晉井大畜。祖縣按，惠棟易漢學注云，四卦皆在分至之首。皆五日十四分。餘皆六日七分。自乾曆以降。皆因京氏。惟天保曆祖縣按，齊天保時所作曆。依易通統軌圖。祖縣按，易緯名，書佚，後漢書律曆志，太平御覽十四作易統圖，因緯書名不一律。自八十有二。祖縣按，二字譌，當作八十有一。節五卦。初爻相次用事。及上爻與中氣皆終。非京氏本旨。

推卦用事。當以一行之大衍術為主。其說詳見新唐書律曆志。卦氣之難。難於四十八卦排列之次第。能以貞辰之排列。即一目了然。至稽覽圖特標出公侯大夫卿封建諸名稱。以五日一候。不足從也。貞辰之說，見黃元炳卦氣集解。總之卦氣與九宮異。一行大衍術。宋時因之。元時改授時曆。分卦直日。及七十二候諸術。早已廢置。惟治易者。對於自漢至唐曆數之淵源。不能不畧識大畧爾。若揚雄之太玄八十一家。淳合九宮。殊失其本。而衛元嵩關朗司馬光三家之說。更失之野。此皆易外之易。得其一指。而遺全體。

十二、蔡沈範數圖訂正

蔡沈對於洪範。能自探索。惜迷於古訓。蹈揚氏諸家之蔽。又改卦名。如一一曰原。為冬至。二二曰沖。為立春。（洛書：艮數八。蔡以二。即二八易位。故曰沖。）三三曰從。為春分。四四曰公。為立夏。五五立極曰中。為立夏。六六曰用。為立秋。七七曰分。為秋分。八八曰戎。為立冬。九九曰終。為冬至。一一與九九為數之終與一一比連。是為冬至。蔡氏據易天一地二章。更易卦名。列衣洛書為二。又裂易之卦名為二。所易八十一名。又不若揚雄太玄。猶籍家序卦之可據。又於地十之數。置而不顧。惟蔡沈對於洪範。承其父元定。殊深研究。撰範數圖。真德秀推重之至。以為範數與三聖之易同功。（見性理大全書。）其說未免過誤。茲畧論蔡氏之說如下。

一、蔡氏主二七為金。四九為火。定其生成之數。而變為九宮之數。因而為九九八十一名。以原沖從公中用分戎終九名。以叶二至二分四立。又以餘七十二名。以應七十二候。每名直四日有奇。仍襲卦氣太玄。又不敢廢置二七為火。四九為金之曲說。兩存其說。別創範之五行。虛之五行。此蔡氏之所短。

二、蔡氏以數代卦。如坎一離九。震三兌七。（以上奇數）坤二艮八。巽四乾六。（以上耦數）以簡單之數字代之。便人記憶。

三、八卦自乘為六十四。九宮自乘為八十一。多十七者。一為五五皇極。為範數之立極。二為一立極之一五。（五寄一為一一坎。）二立極之二五。（五寄二為二二坤。）三立極之三五。（五寄三為三三震。）四立極之四五。（五寄四為四四巽。）六立極之六五。（五寄六為六六乾。）七立極之四五。（五寄七為七七兌。）八立極之八五。（五寄八為八八艮。）九立極之九五。（五寄九為九九離。）即為立極之八卦。與六十四卦相加得七十二。又增一立極五九（一、五寄）既濟。九立極五一（九、五寄）未濟。三立極五七（三、五寄）歸妹。七立極五三（七、五寄）隨。（以上奇數皆相對。在下列各立極圖求之。下耦數四卦求法同。）二立極五八（二、五寄）謙。八立極五二（八、五寄）剝。四立極五六（四、五寄）小畜。六立極五四（六、五寄）姤。（以上耦數。）奇耦不同。凡奇數五在內卦。耦數五在外卦。蔡氏適相反。

四、九宮以洛書為本。當以洛書為內卦。遊息九宮之數。加於洛書之上。乃是外卦。蔡氏適相反。不可從。

五、蔡氏不舉地十。不知地之十十。乃八十一名之減數。將範數圖一一減之。即得相反之數。說卦傳所謂逆數也。太玄亦昧地十之例。

六、蔡氏洪範吉凶排法。分為二圖。一八數相對圖。以坎一為吉。坤二為咎。震三為祥。巽四為吝。中五為平。乾六為悔。七兌為災。艮八為休。九離為凶。又立繇辭。辭多不倫。（只）為易之左道。二八數周流圖。加中五作九數。惟一數與九數。尚有序可循。如一數順行。為一二三四五六七八九（吉咎祥吝平悔災休凶）。九數逆行。為九八七六五四三二一（凶休災悔平吝祥咎吉）。二數至八數。或隔四推排。或取對宮。皆失其次序。繫辭言吉凶悔吝。蔡氏增咎災祥休平五者。是改揚雄太玄玄數。咎（太玄同。）災（太玄禍。）祥（太玄福。）休（太玄同。）平（太玄中。）五者。以九宮為占笠。所見殊小。不知漢書律曆志。以五乘十為大衍之數。又五行志云。八卦九章。相為表裏。王充論衡正說篇云。禹之時得洛書。書從洛水中出。洪範九章也。可證洪範之九疇即九宮。與易皆用算數推演而來。由此推演為律為曆為度量。後人又增益政令（如時則月令等是。）官制等類。不知九宮算數。令人對於先秦諸子。祇能整理訓詁。而其理仍格格不入。史記曆書周室微……疇人子弟分散。故春秋戰國時代諸子之說。對於算術。各不相謀。秦漢以下。往往得其一支。以概全體。如太玄經之類。蔡氏持論亦然。

茲訂正蔡氏之說。使有理可循。先列八十一名。以合易卦名。

名	卦	名	卦	名	卦
一一原	坎	一七閑	節	二四祈	升
一二潛	比	一八須	蹇	二五常	坤（五坤寄）
一三守	屯	一九厲	既濟	二六柔	泰
一四信	井	二一戾	師	二七易	臨
一五直	坎（五坎寄）	二二冲	坤	二八親	謙
一六蒙	需	二三振	復	二九華	明夷

數名	卦
三一見	解
三二獲	豫
三三從	震
三四交	恒
三五育	震 五 震寄
三六大 一作壯	大壯
三七興 一作輿	歸妹
三八欣	小過
三九舒	豐
四一比	渙
四二開	觀
四三晉	益
四四公	巽
四五益	巽 五 巽寄
四六章	小畜
四七盈	中孚
四八錫	漸
四九靡	家人
五一廣	未濟 離九 寄五
五二決	剝 艮八 寄五
五三豫	隨 兌七 寄五
五四升	姤 乾六 寄五
五五中	洪範皇極
五六伏	小畜 巽四 寄五
五七過	歸妹 震三 寄五
五八疑	謙 坤二 寄五
五九寡	既濟 坎一 寄五
六一飾	訟
六二戾	否
六三虛	无妄
六四昧	姤
六五損	乾 五 乾寄
六六用	乾
六七卲	履
六八翕	遯
六九達 一作遠	同人
七一迅	困
七二懼	萃
七三除	隨
七四弱	大過
七五疾	兌 五 兌寄
七六競	夬

七七分	兌
七八訟	咸
七九收	革
八一實	蒙
八二賓	剝
八三危	頤
八四堅	蠱
八五革	艮（五 艮寄）
八六報	大畜
八七止	損
八八戎	艮
八九結	賁
九一養	未濟
九二遇	晉
九三勝	噬嗑
九四因	鼎
九五壬	離（五 離寄）
九六固	大有
九七移	睽
九八隨	旅
九九終	離

右蔡氏洪範皇極內篇文載明胡廣等所撰性理大全書中。其以四九為火二七為金。是也。至改易卦名。說多穿鑿。而對於九宮遊息之式亦屬謬排。自漢以來。治洪範者。班固漢書五行志薈萃眾說。自伏生至劉向父子。僅舉初一之五行。次二之羞（洪範羞作敬）用五事。間及次八念用（庶徵）次五之建用皇極三者。益以日食星隕。耤言災異。語多不經。而蔡氏主尚占。以次七之明用稽疑立說。王柏書疑。以為非解經之正軌。胡一桂啟蒙翼傳。謂變數之法不傳。莫能適其用也。王胡之說。亦欠切實。至蔡氏之說。雖不免穿鑿附會。如妄易卦名。又以洪範為尚占之用。至範數圖。尚能一一訂正之。存其精華。而明洪範之真諦。免學者謬解。明末黃宗羲象數論。

胡煦周易函書襲黃說，未能明其理。其後羅孔螽範疇圖數裁成、曹廷棟易準。對蔡氏之說。强欲闡明。咸昧天五地十。未得其奧。所列各圖。錯舛不足取。茲下列洪範圖及一二三四六七八九立極各圖。以數證之可按圖探索。

中五立極合範數圖如下。

中五立極合範數圖

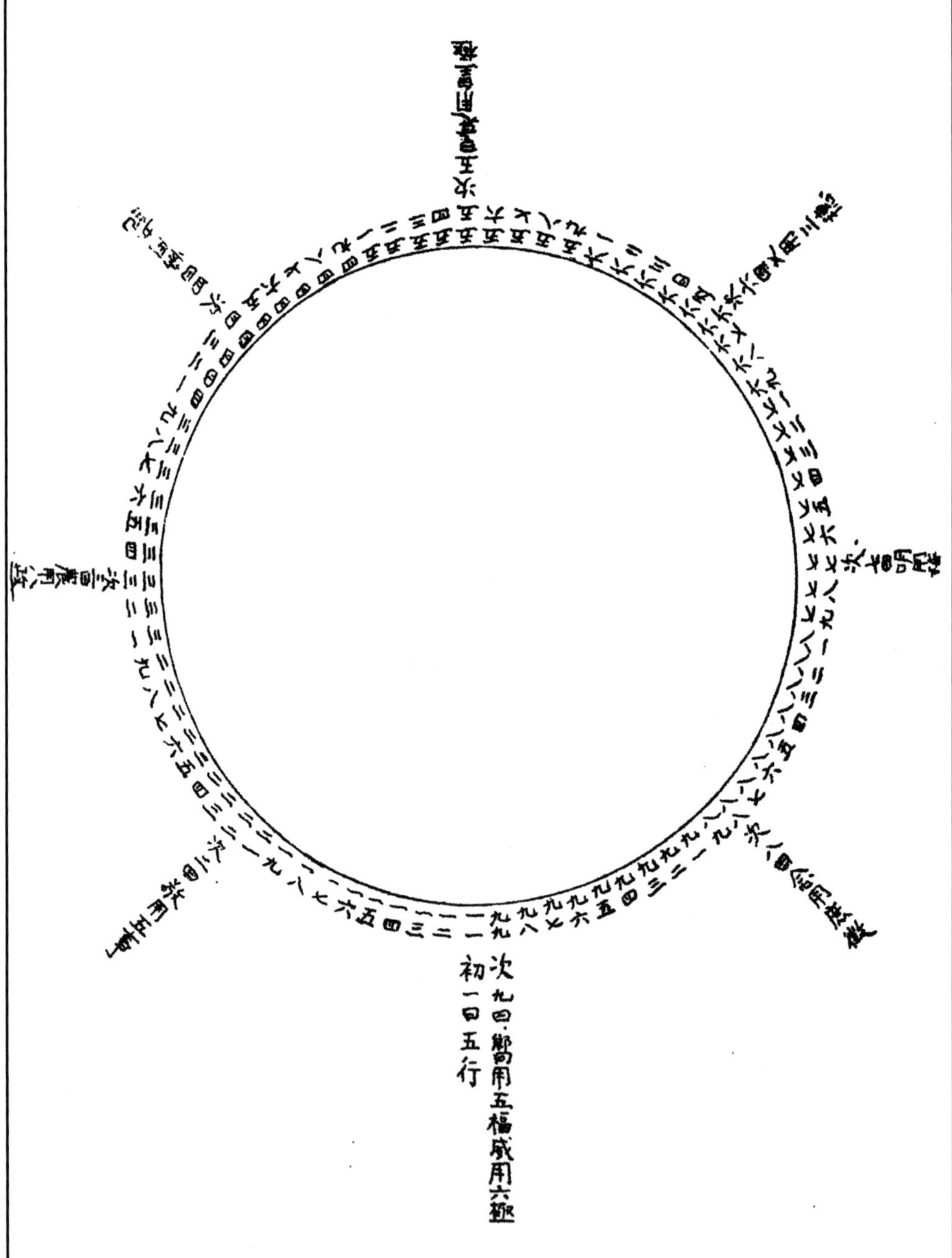

此係洪範之式。蔡氏作範數圖。以九九立率。可與算數相輔而行。洪範樞機為皇極。初一至次四。次六至次九。為民極。皇極不動。民極遊息。故皇極類似不易。民極類似變易。

黃道周洪範明義。釋合字非正義。如初一曰五行。注、天一為坎。次二曰敬用五事。注、二者西南之位也。（按黃說指洛書坤二。）坤與巽合。（按黃說以洛書合所謂河圖之位。）次三曰農用八政。注、三者正東方之位也。次四曰協用五紀。注、四者巽東南之位也。巽與乾合。（按洛書乾巽相對。）次六曰乂用三德。注、六西南乾位也。（祖解按句疑。）次七曰明用稽疑。注、正西兌位也。次八曰念用庶徵。注、八東北艮位也。次九曰嚮用五福。威用六極。（按在九中立極圖五福在離。六極在坎。）注、極疑作殛。九為乾離。（按亦據洛書合河圖立說。）黃說與蕭吉五行大義論九宮同。然非九宮之蘊。惟不言災異亦足取也。

蔡氏中五立極圖

蔡氏以外卦立極。五立極。外卦内卦相同。可不訂正。

中洪範皇極

夏至

冬至

原(坎)

終(離)

合十

中五立極說明：

一、此圖內卦以洛書為本。又重複洛書之位。以三畫卦為六畫卦。如下圖。

巽 四四	離 九九	坤 二二
震 三三	中 五五	兌 七七
艮 八八	坎 一一	乾 六六

二、以地十之重數減之。五五仍為五五。九九為一一。離為坎。一一為九九。坎為離。三三為七七。震為兌。七七為三三。兌為震。四四為六六。巽為乾。六六為四四。乾為巽。八八為二二。艮為坤。二二為八八。坤為艮。皆為逆數。

三、此圖一一至二二。二二至三三。皆相隔十一位。下類推。凡內卦在乾數圖相隔十一位。又逢九一即為相合。至坎離則異。如圖離坎毘連。謂之連合。合即繫辭五位相得。而各有合之合。又名合十。

訂正蔡氏一立極圖

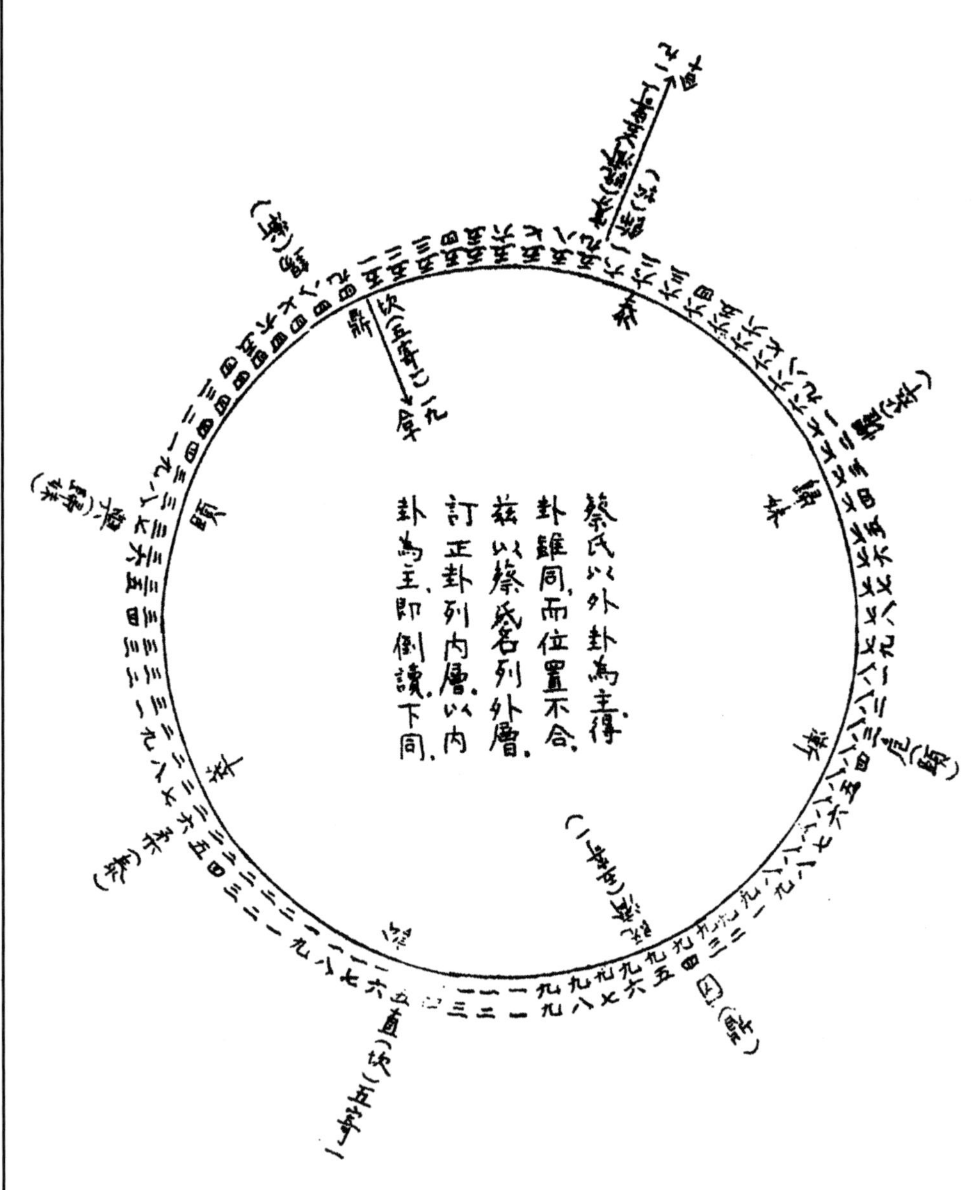

蔡氏以外卦為主，得
卦雖同，而位置不合，
茲以蔡氏名列外層，
訂正卦列內層，以內
卦為主，即倒讀，下同。

一立極說明：

一.此係洛書為本。以一入中。遊息九宮。如下圖。

鼎 九四	既濟 五九	萃 七二
頤 八三	坎 一五	歸妹 三七
漸 四八	訟 六一	泰 二六

二.凡內卦外卦遇五字。如一入中遇五為一。二入中遇五為二。三入中遇五為三。四入中遇五為四。六入中遇五為六。七入中遇五為七。八入中遇五為八。九入中遇五為九。

三.一入中亦相隔十一位。惟離之五九。坎之六一。僅隔三位。因五九與六一毗連之故。下類推。

四.一入中與九入中互相聯繫。詳下一九入中圖。二與八。三與七。四與六。亦相聯繫。下各列四圖。可探索合十之功用。

五.一入中一九合十。五六毗連。故既濟訟兩卦相對。亦即離坎相對。相隔三位。

六.生成為九宮之大用。對於一入中。如何排列。凡一二三四入中。生成之數。在中宮與坎宮交互。如一入中。中宮一與坎宮六為一六是也。六七八九入中。在中宮與離宮交互。

訂正蔡氏二五極圖

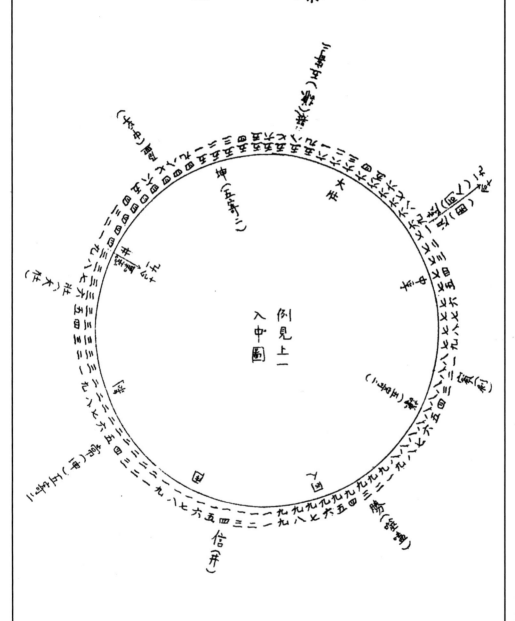

例見上一入中圖

二立極說明：

一、亦以洛書為本。以二入中。遊息九宮。如下圖。

井 一四	同人 六九	剝 八二
噬嗑 九三	坤 二五	中孚 四七
謙 五八	困 七一	大壯 三六

二、二入中凡遇五字即為二。

三、二入中。與八入中互相聯繫。詳下二八入中圖。

四、二入中。亦以一九合十。六七毗連。故同人困兩卦相對。亦即離坎相對。相隔三位。

五、二入中。生成在中宮二。與坎宮七為二七。

訂正蔡氏三立極圖

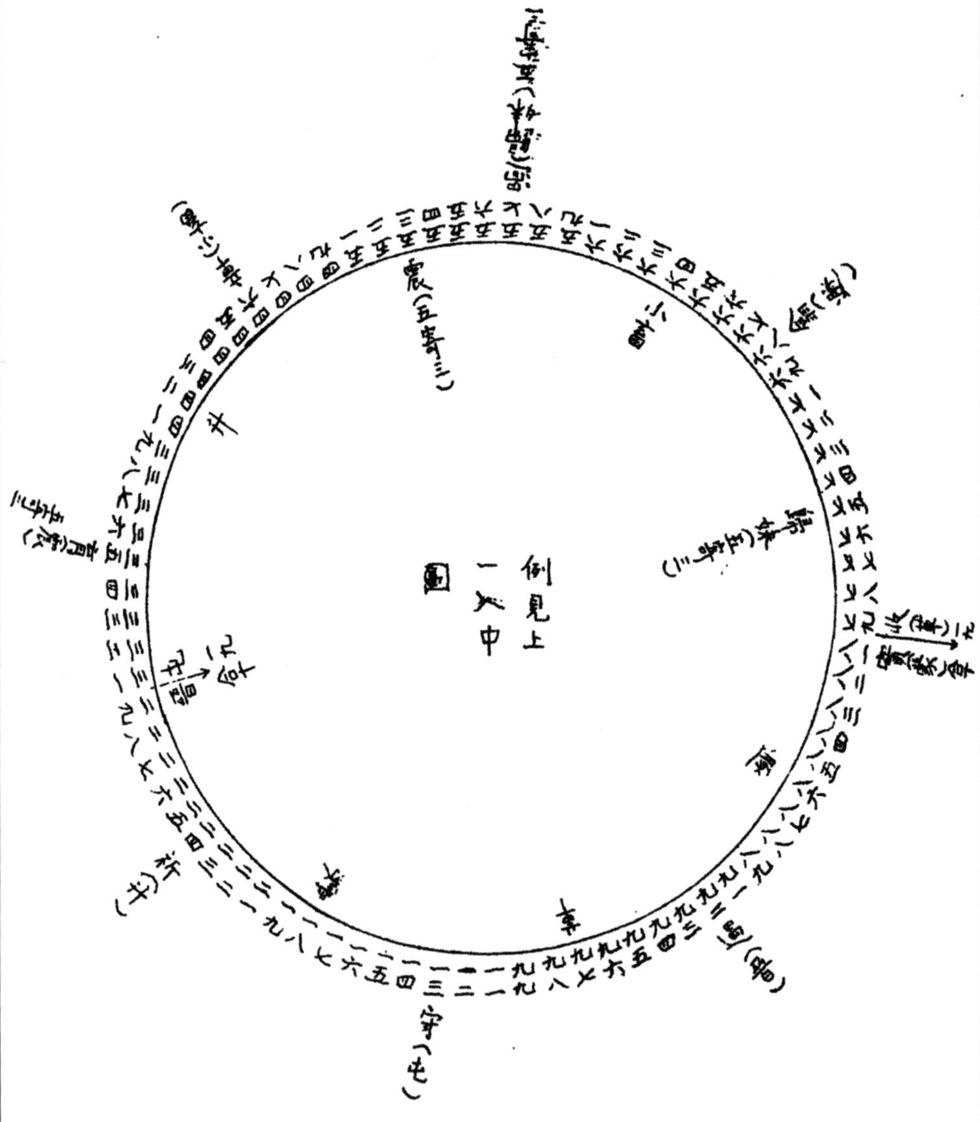

三、立極說明：

一、亦以洛書為本。以三入中，遊息九宮。如下圖。

升 二四	革 七九	晉 九二
屯 一三	震 三五	歸妹 五七
遯 六八	蒙 八一	小畜 四六

二、三入中。凡遇五字即為三。

三、三入中。與八入中互相聯繫。詳下三七入中圖。

四、三入中。亦以一九合十。八七毘連。故蒙革相對。即離坎相對。亦相隔三位。

五、三入中。生成在中宮三。與坎宮八。為三八。

訂正蔡氏四立極圖

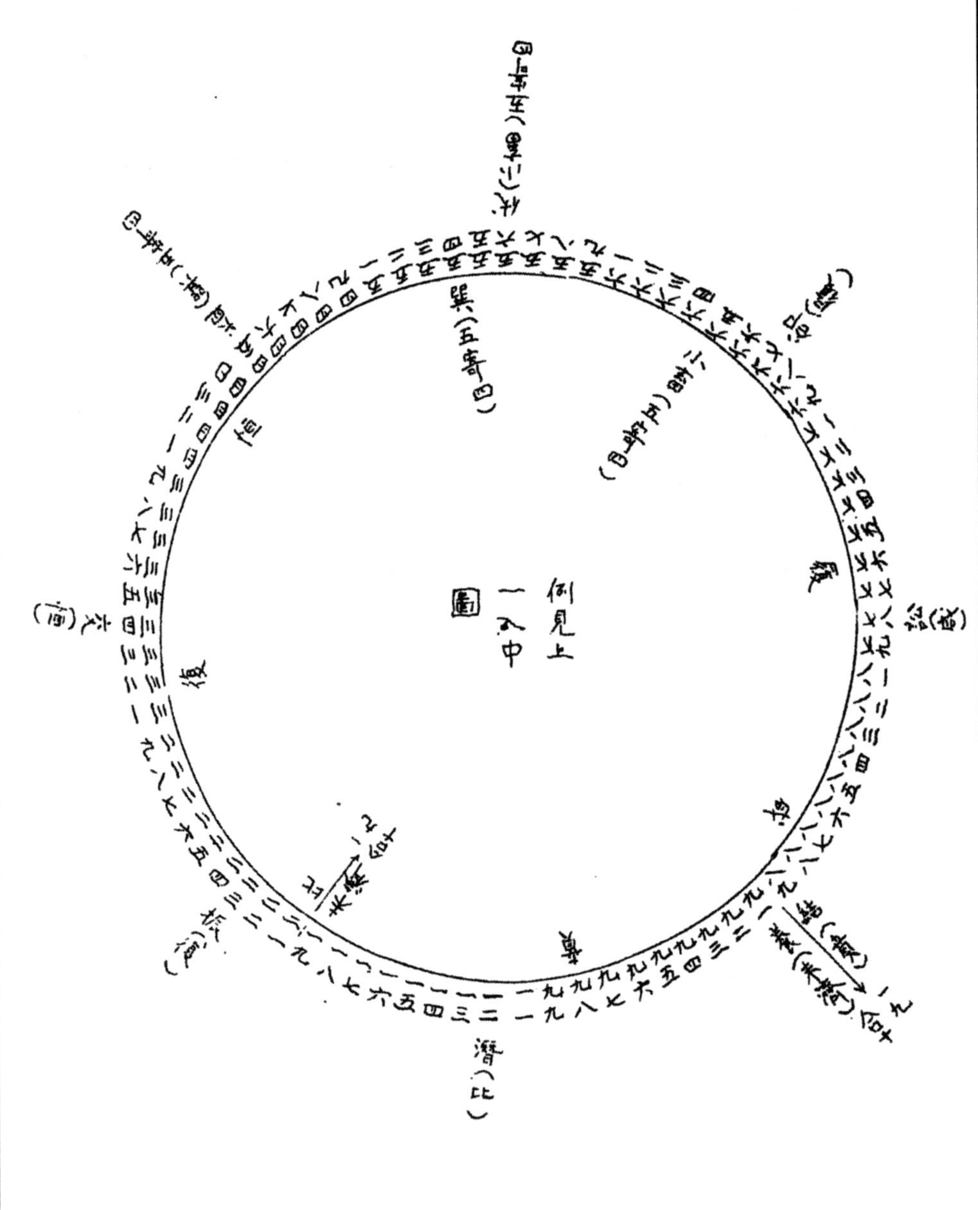

四立極說明：

一、亦以洛書為本。以四入中。遊息九宮。如下圖。

恒 三四	賁 八九	比 一二
復 二三	巽 四五	履 六七
咸 七八	未濟 九一	小畜 五六

二、四入中。凡遇五字即為四。

三、四入中。與六入中互相聯繫。詳下四六入中圖。

四、四入中。亦以一九合十。八九毘連。故賁未濟相對。亦即離坎相對。相隔三位。

五、四入中。生成在中宮四。與坎宮九為四九。

訂正蔡氏六立極圖

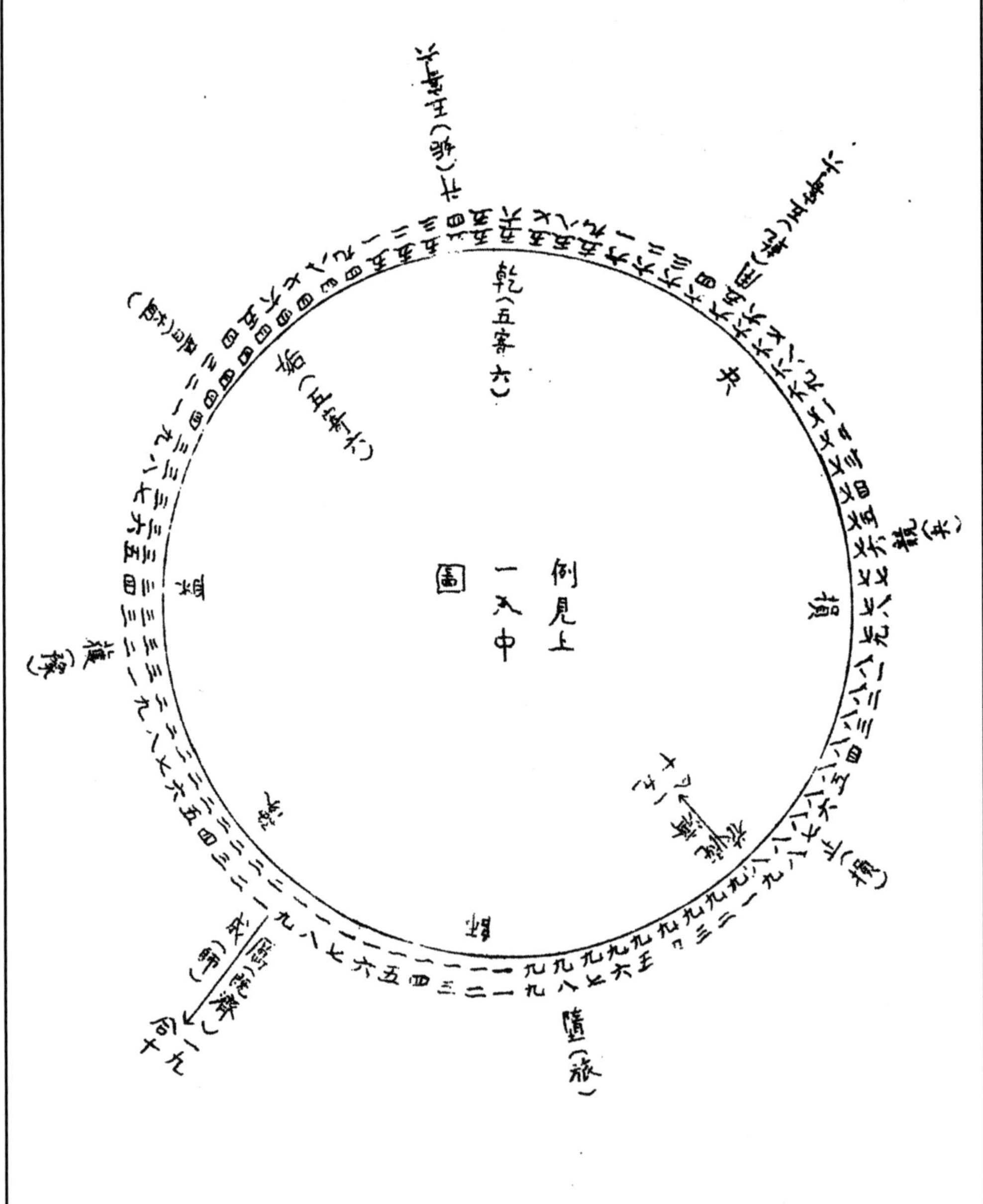

六立極說明：

一、亦以洛書為本，以六入中，遊為九宮，如下圖。

姤 五 四	既濟 一 九	豫 三 二
益 四 三	乾 六 五	損 八 七
旅 九 八	師 二 一	夬 七 六

二、六入中。凡遇五字即為六。

三、六入中。與四入中。互相聯繫。詳下四六入中圖。

四、六入中。亦以一九合十。一二毗連。故師既濟相對。亦即坎離相對。相隔三位。

五、六入中。生成在中宮六。與離宮一。為一六，

訂正蔡氏七立極圖

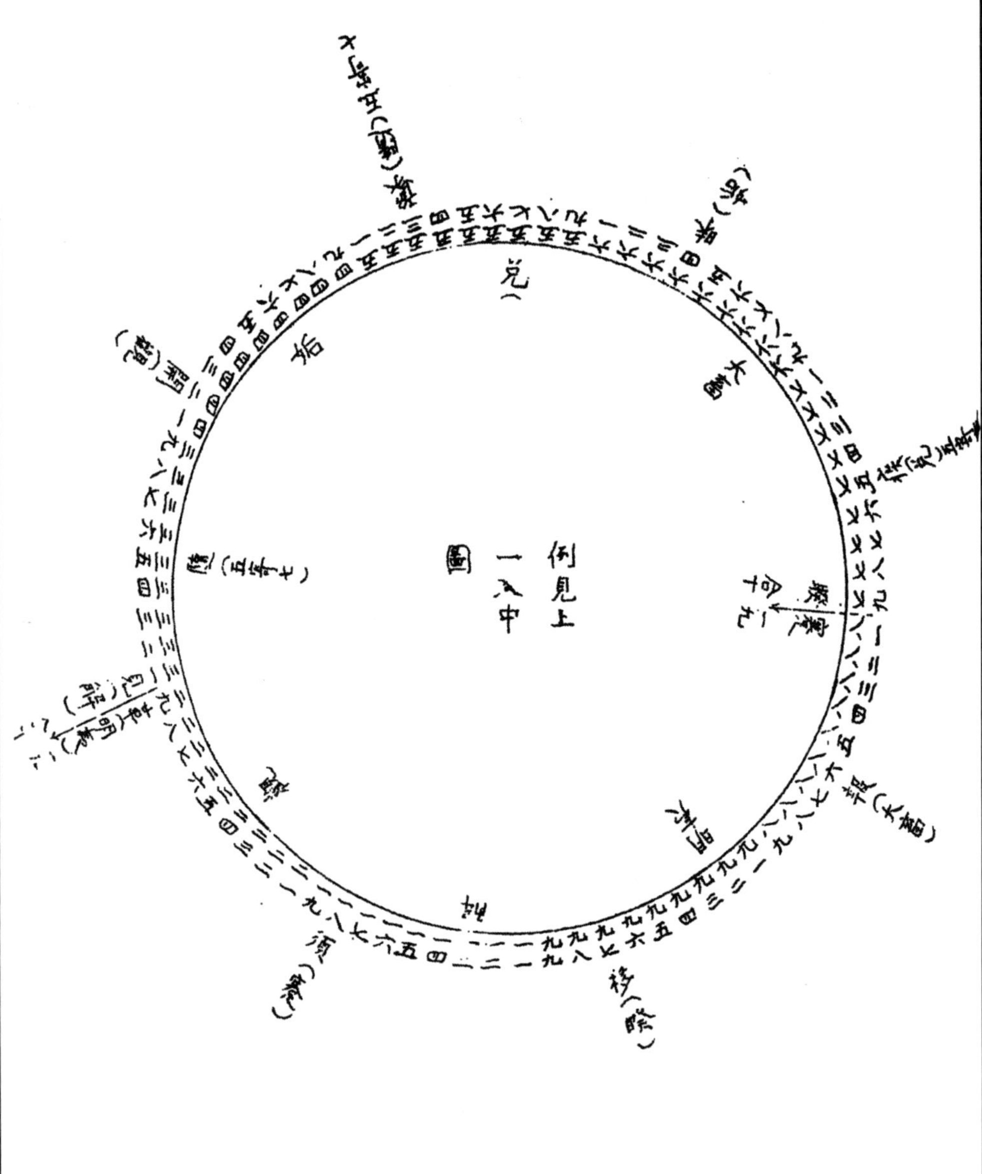

七立極說明：

一、亦以洛書為本。以七入中。遊息九宮。如下圖。

姤 六四	明夷 二九	觀 四二
隨 五三	兌 七五	睽 九七
蹇 一八	解 三一	大畜 八六

二、七入中。凡遇五字即為七，

三、七入中。與三入中。互相聯繫。詳下三七入中圖。

四、七入中。亦以一九合十。二三毗連。故明夷解相對。亦即坎離相對。相隔三位。

五、七入中。生成在中宮七。與離宮二。為二七。

訂正蔡氏八五極圖

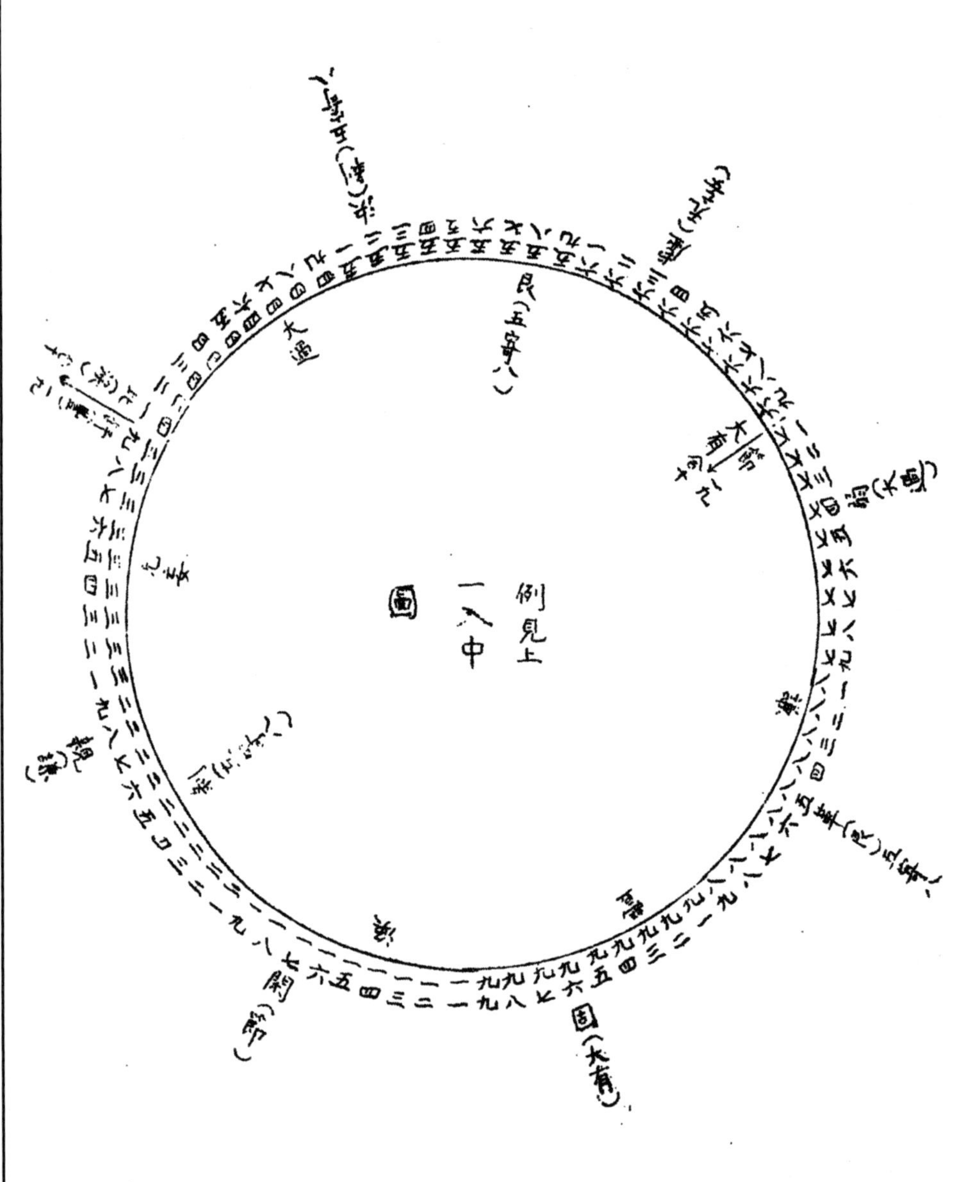

八立極說明：

一、亦以洛書為本。八入中。遊息九宮如下圖。

大過 七四	豐 三九	剝 五二
无妄 六三	艮 八五	節 一七
謙 二八	渙 四一	大有 九六

二、八入中。凡遇五字即為八。

三、八入中。與二入中互相聯繫。詳下二八入中圖。

四、八入中。亦以一九合十。三四毘連。故豐渙相對。亦即坎離相對。相隔三位。

五、八入中。生成在中宮八。與離宮三為三八。

訂正蔡氏九立極圖

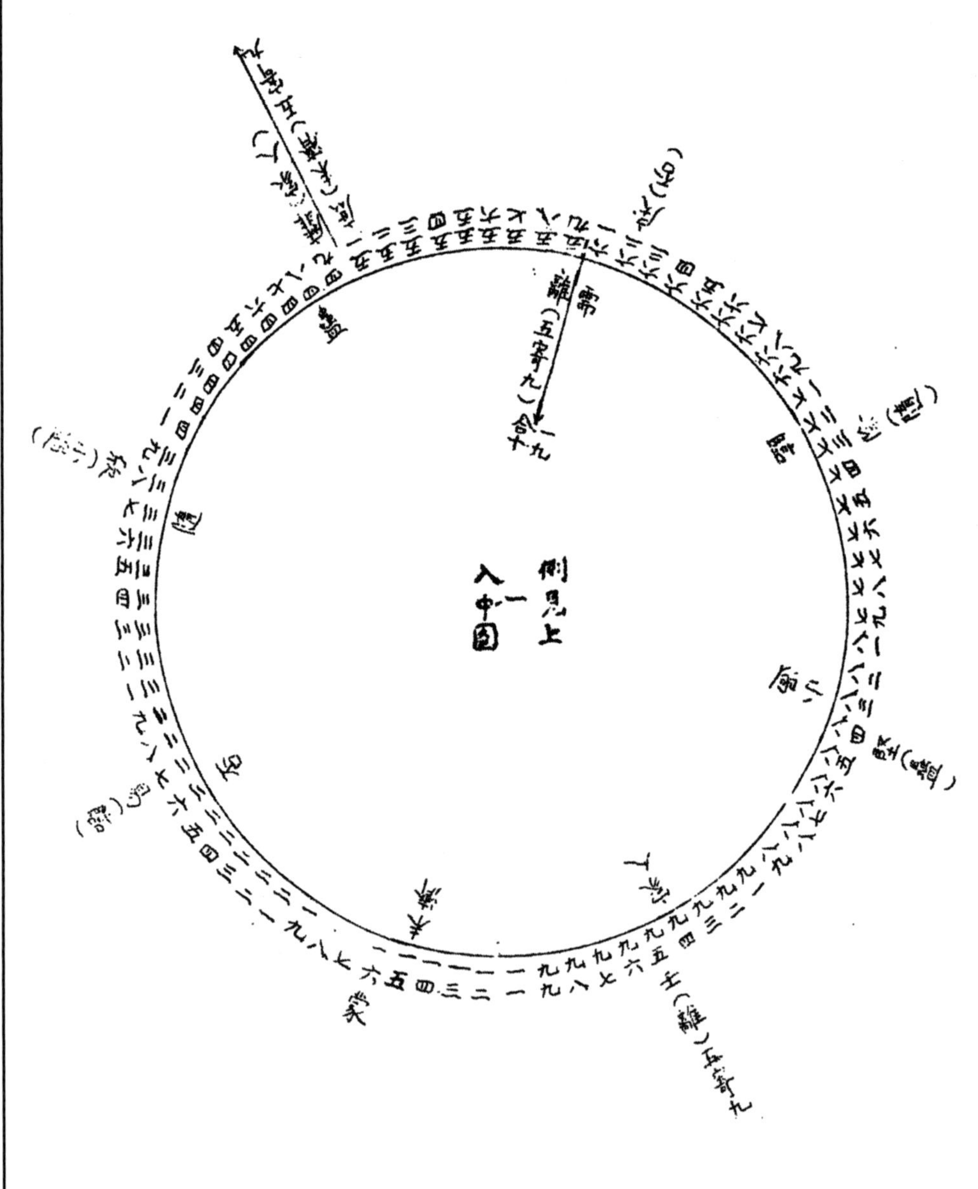

九立極說明：

一、亦以洛書為本。九入中。遊息九宮。如下圖

蠱 八 四	家人 四 九	否 六 二
隨 七 三	離 九 五	臨 二 七
小過 三 八	未濟 五 一	需 一 六

二、九入中。凡遇五字即為九。

三、九入中。與一入中，互相聯繫。詳下一九入中圖。

四、九入中。亦以一九合十。四五毗連。故家人未濟相對。亦即坎離相對。相隔三位。

五、九入中。生成在中宮九。與離宮四。為四九，

上舉九圖。乃據蔡氏範數圖之理。雖陳埴（朱熹弟子。著洪範解。）力詆蔡氏。非持平論。茲補充蔡氏之說。

一、八十一名。與易有九。為比晉豫升益損革蒙訟。不知蔡氏何所取義。學者當仍以易卦名為允。

二、蔡氏五五皇極為中。定名頗當。後人治洪範。漢人皆附麗於易。解皇之不極。孔傳云。皇。君也。極。中。建立也。將皇極分析為二。更昧於理。洪範皇王二字本一字。後人以王訪於箕子之王字亂之。後漢五行志作王。劉昭注云。大傳皇作王。是明證。後人據爾雅釋詁。皇君也。釋之失之甚。說文。皇。大也。从自。自始也。為正義。今蔡氏以中字代之。較勝。因中能建極。為立極。且與易與太極不相混。當以中字解之。

三、洪範立數。以九疇與範數圖相同否。此是疑問。

如

一	二	三	四	五	六	七	八	九
一	一	一	一	一	一	一	一	一

余以為當訂正為

一	二	三	四	五	六	七	八	九
一	一	一	一	一	一	一	一	一

何以故。因為周易以內卦為主。今蔡氏排列。以外卦為主。茲章訂正蔡氏之說。上已一一推定。茲列一入中一圖。以供參考。一九入中。二八入中。三七入中。四

六入中亦然。不過在內卦與外卦差別。蔡氏講解。失之毫釐，謬以千里矣。蔡氏範數圖。實前人所未發。惜未知萬事由象而生成。拘於次七曰明用稽疑。以為尚占之用。養其一指而失其肩背。蔡氏說三世治經。源出朱熹。朱氏治周易尚占。與蔡沈洪範尚占。同一趣向。王柏胡一桂同一學派。不能會通。胡一桂所謂變數。即上列一至四。六至九各圖。因古人治學。所謂心法。皆秘不告人之故。而變數之中更有心法。即寄宮是。

訂正一入中圖

蔡氏範數圖。以外卦為主。今繪內卦為主一入中訂正圖。以為參考之用。例

五一　　五一未濟（五寄九）
五二　　五二剝（五寄八）
五三　　五三隨（五寄七）
五四　　五四始（五寄六）
如五五以外卦為主讀之。為　五五皇極。
五六　　五六小畜（五寄四）
五七　　五七歸妹（五寄三）
五八　　五八謙（五寄二）
五九　　五九既濟（五寄一）

五无定位。當寄宮讀之。若五在一立極圖中。乃寄於一。五在二立極圖中。乃寄於二。三四六七八九立極圖遇五者依類推。

整理蔡氏範數圖。第一在蔡氏以外卦為主。與周易違。若循周易公式。以內卦為主。即上列之圖改外卦為內卦而已。

五一　一五（一立極。五寄一為坎。）

五二　二五（二立極。五寄二為坤。）

五三　三五（三立極。五寄三為震。）

五四　四五（四立極。五寄四為巽。）

如五五圖。訂正為五五（皇極）。

五六　六五（六立極。五寄六為乾。）

五七　七五（七立極。五寄七為兌。）

五八　八五（八立極。五寄八為艮。）

五九　九五（九立極。五寄九為離。）

訂正內卦為主。排列範數。益覺分明。細參下列蔡氏八十一名圖及訂正圖。一一對比可也。

訂正蔡氏一九入中合圖

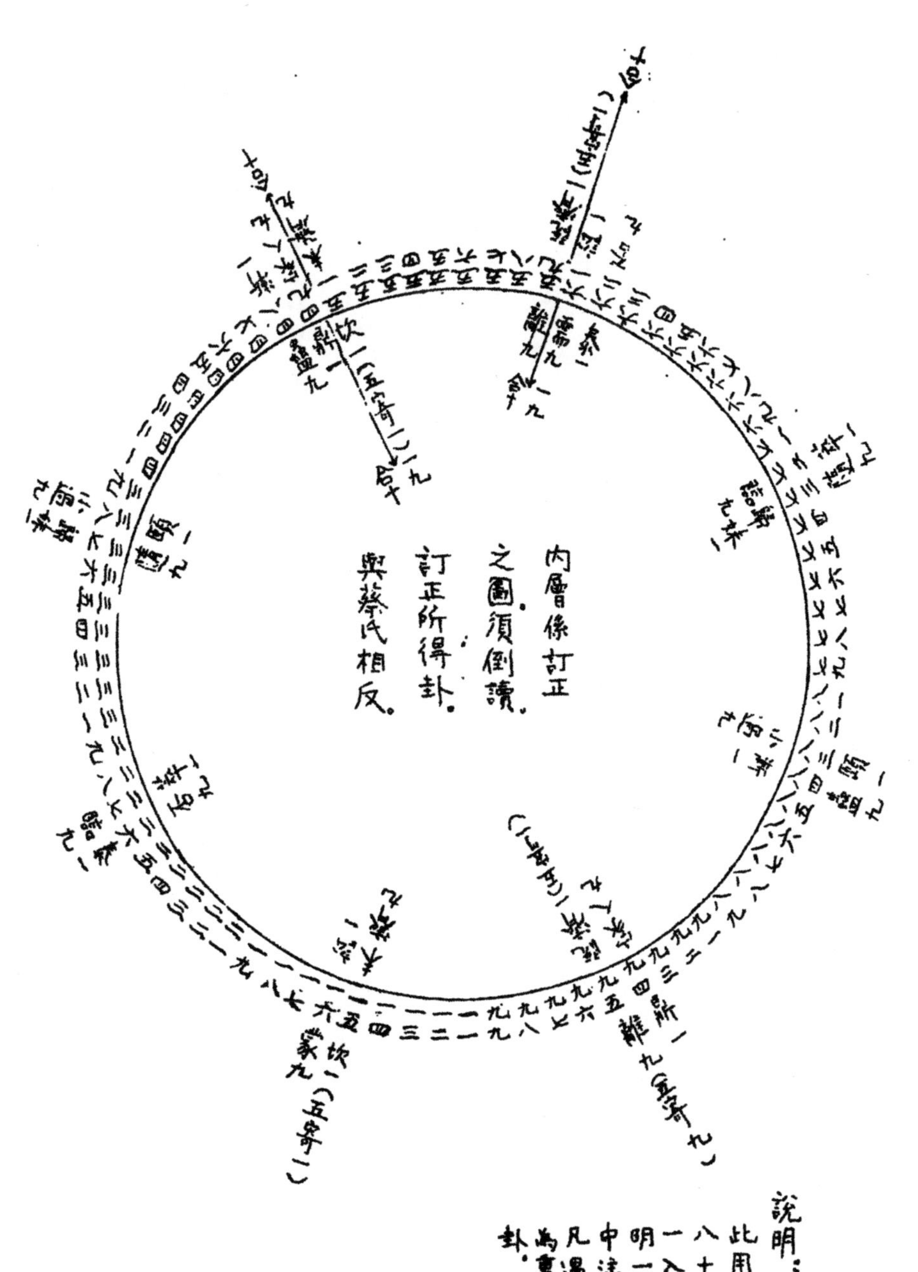

內層係訂正
之圖，須倒讀。
訂正所得卦，
與蔡氏相反。

說明：
此用蔡氏八十一名一入中注明一，九入中注明九。凡遇五字為重出之卦。

一入中 如圖為一五 二六 三七 四八 五九 六一 七二 八三 九四九位。數皆毘連。

九入中 如圖為九五 一六 二七 三八 四九 五一 六二 七三 八四九位。數皆毘連。

凡圖坎一入中。遇五字寄一。 離九入中。遇五字寄九。所得之卦。排列如下。

坎		離	
九四鼎離二世	七二萃兌二世	四九家人巽二世	二七臨坤二世
二六泰坤三世	五九既濟坎三世	六二否乾三世	五一未濟離三世
六一訟離游魂	八三頤巽游魂	一六需坤游魂	三八小過兌游魂
四八漸艮歸魂	三七歸妹兌歸魂	八四蠱巽歸魂	七三隨震歸魂

表內坎宮五九既濟。離宮五一未濟。因寄宮。故此以下四圖。據蔡氏範數圖加以訂正。

蔡氏二八入中合圖

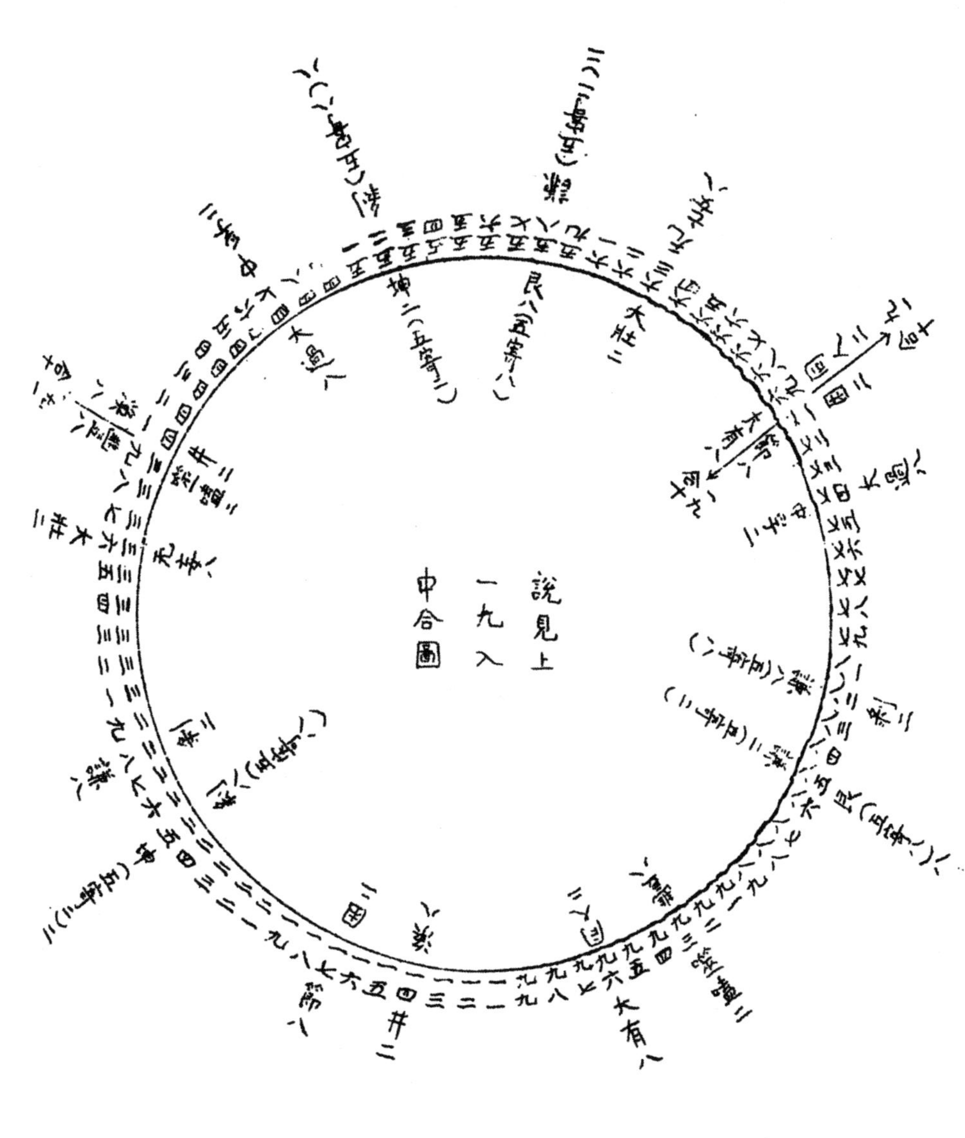

二入中　如圖二五　三六　四七　五八　六九　七一　八二　九三　一四九位。數皆毘連。

八入中　如圖八五　九六　一七　二八　三九　四一　五二　六三　七四九位。數皆毘連。

凡圖坤二入中。遇五字寄二。　艮八入中。遇五字寄八。所得之卦。排列如下。

坤	艮
七一困兌一世	一七節坎一世
三六大壯坤四世	六三无妄巽四世
五八謙兌五世 九三蠱巽五世 一四井震五世 八二剝乾五世	五二剝乾五世 三九豐坎五世 四一渙離五世 二八謙兌五世
四七中孚艮游魂	七四大過震游魂
六九同人離歸魂	九六大有乾歸魂

表內坤宮五八謙。艮宮五二剝。因寄宮。為重出之卦。

訂正蔡氏三七入中合圖

三入中 如圖三五 四六 五七 六八 七九 八一 九二 一三 二四九位。數皆毘連。

七入中 如圖七五 八六 九七 一八 二九 三一 四二 五三 六四九位。數皆毘連。

凡圖震三入中。遇五寄三。兌七入中。遇五字寄七。所得之卦。排列如下。

震	兌
四六小畜巽一世	六四姤乾一世
六八遯乾二世 一三屯坎二世	八六大畜艮二世 三一解震二世
八一家離四世 二四升震四世 七九革坎四世	一八蹇兌四世 四二觀乾四世 九七訟艮四世
九二晉乾游魂	二九明夷坎游魂
五七歸妹兌歸魂	五三隨震歸魂

表內震宮五七歸妹。兌宮五三隨。因寄宮為重出之卦。

訂正蔡氏四六入中合圖

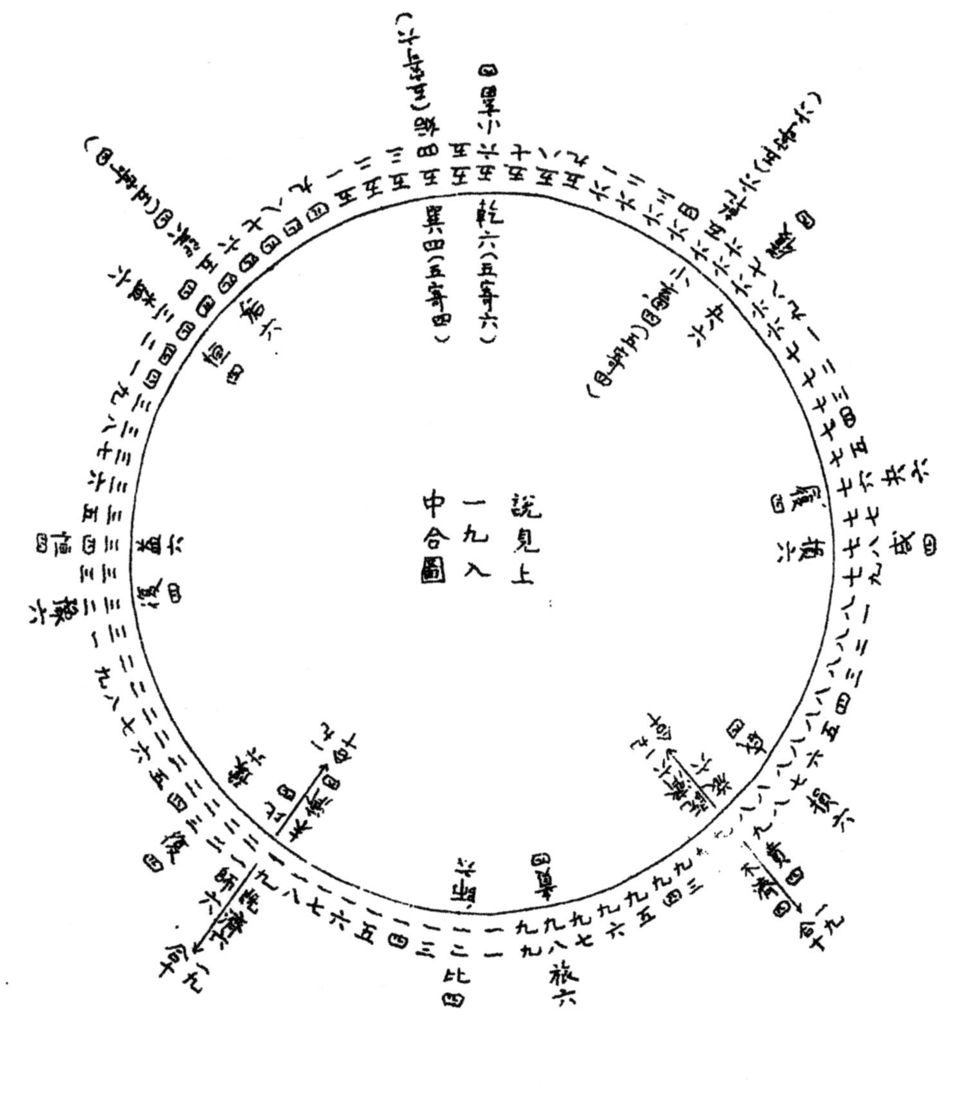

四入中 如圖四五 五六 六七 七八 八九 九一 一二 二三 三四九位。數皆毘連。

六入中 如圖六五 七六 八七 九八 一九 二一 三二 四三 五四九位。數皆毘連。

凡圖巽四入中。遇五字寄四。 乾六入中。遇五字寄六。所得之卦。排列如下。

巽	乾
二三復坤一世 五六小畜巽一世 八九賁艮一世	三二豫震一世 五四姤乾一世 九八旅離一世
九一未濟離三世 七九咸兌三世 三四恒震三世	一九既濟坎三世 八七損艮三世 四三益巽三世
六七履艮五世	七六夬坤五世
一二比坤歸魂	二一師坎歸魂

表內巽宮五六小畜。乾宮五四姤。因寄宮為重出之卦。

蔡氏八十一名圖

右蔡氏範數圖。外層不用蔡氏八十一名。而仍用卦名。內層一二三四五六七八九。即上九個立極圖所屬之卦。及四個一九與二八與三七與四九四個交互圖所屬之卦。雖一一相符。不能出於自然。

合十以↓為標記。毘連即在合十之內。合十屬內卦。即係一九。毘連屬外卦。分一九。一二。二三。三四。五六。六七。七八。八九。計八類。合十毘連。為九數分界之用。

蔡氏此圖。雜亂无章。且所指立極圖之數。均係逆數。此由於外卦內卦顛倒之故。茲訂正如后。

訂正範數圖

右訂正蔡氏範數圖。以內卦為本。內層一二三四五六七八九字。係指一至九立極圖數。與一二三四及六七八九立極圖合。一入中立極為一五。二入中立極為二五。三入中立極為三五。四入中立極為四五至六七八九如上例。當以內卦為主。與易同。

圖中一五至九五。讀為內卦。一二三四六七八九寄宮。則一五為坎。二五為坤。三五為震。四五為巽。六五為兌。八五為艮。九五為離。自一五至九五。合五五為皇極。皆係九宮立極之卦。如蔡氏範數圖。以五一為未濟。五二為剝。五三為隨。五四為姤。五六為小畜。五七為歸妹。五八為謙。五九為既濟。以重出之八卦為之。殊失洪範皇極民極之義。此蔡氏誤以外卦為主之故也。

洪範皇極民極。其變又有九。即上所列一立極至九立極九圖。又謂之九變。漢書劉徹紀云。元朔元年詔曰。朕聞天地不變不成施化。陰陽不變物不暢茂。易曰通其變使民不倦。詩云。九變復貫。知言之變。所謂九變。即一立極至九而復貫之義。惟範數圖方可明其例。例如一立極圖。一五坎至二六泰。二六泰至三七歸妹。三七歸妹至四八漸。四八漸至五九既濟。五寄一。皆兩卦相隔十一位。去前後兩卦得九卦。而五九既濟至六一訟。僅三位。求復貫之例則扞格難通。困一立極為坎一五。然以南北中數之得三位。乃无扞格之患。六一訟至七二萃。七二萃至八三頤。八三頤至九四鼎。皆相隔十一位。此一立極圖與範數圖之相貫通之例如此。困不用十故也。

排二立極圖以證之。二立極圖。二五坤至三六大壯。三六大壯至四七中孚。四七中孚至五八謙。二二五寄五八謙至六九同人。皆十一位。去前後兩卦。得九卦。而六九同人至七一困僅三位。若以範數圖求之。方合。七一困至八二剝。八二剝至九三噬嗑。九三噬嗑至一四井。皆十一位。而範數圖以九三噬嗑一四井。隔宮合十毘連。此亦復貫之例。

十三、九宮示例

洪範九疇。與太卜所韓周易不合。惜逸周書箕子解已佚。廣韻十七登。朋。書云武王悅箕子之對。賜十朋也。逸周書序以釋箕子因解之。似非。鶡冠子泰鴻篇。即申明洪範之旨。莊子天運篇云。巫咸袑曰。求吾語女。天有六極六極見洪範。五常。帝王順之則治。逆之則凶。九洛之事。治成德備。監照下土。天下戴之。謂之上皇。注。九洛即洪範九疇。禹時洛出之書。莊子之說不如鶡冠子之純。九宮即數不能離數而言。如圖一五至九五。中央五五為皇極。一五至四五。六五至九五。即為一立極至四立極。六立極至九立極。八項入中之數。其數順行。蔡氏範數圖皆逆行。其次第為一二三四五六七八九。至九宮流轉。在一九合十為九九八十一名。皆以外卦逆一九為每宮之分界。九項外卦之一九。其內卦之毘連。為六五、六七、七八、八九、九一、一二、二三、三四、四五。九個五數。而所得流轉之卦。每一立極。必得兩卦。為九九、八八、七七、六六、五五、四四

三、二、一、茲將圖中每立極所得卦數如下。

三二一

一五—九五　為一二三四五六七八九。

一六—九六　為九一二三四五六七八。

一七—九七　為八九一二三四五六七。

一八—九八　為七八九一二三四五六。

一九—九九　為六七八九一二三四五。

一一—九一　為五六七八九一二三四。

一二—九二　為四五六七八九一二三。

一三—九三　為三四五六七八九一二。

一四—九四　為二三四五六七八九一。

除五五之中。得八十卦。而每宮遇五如五六小畜。五七歸妹。五八謙。五九既濟。五一未濟。五二剝。五三隨。五四姤。皆居每宮之中。至本宮一世卦。由五五順行。為六六乾。七七兌。八八艮。九九離。至九九離。與一一坎毘連。又為二二坤。三三震。四四巽。此九宮之例也。

九宮源於繫辭傳天一地二等語。可證作繫辭的時代周易洪範已互引用。乾鑿度曰。易一陰一陽。合而為十五之謂道。又曰大一取其數。以行九宮。四正四維。皆合於十五。洪範言五行。周易卦辭未提出五行。繫辭傳始有生成之理。鄭玄注又以生成雜五行。而又引西漢二七為火四九為金之曲說。以後言易乃述九宮五行之理矣。茲篇先辯一至十數之字詁。並明地十為滅數，又以天一天三天五天七天九為奇數屬圓。地二地四地六地八地十為耦數屬方。並推演奇數數根為一三九七。耦數數根為二四六八。以證二七為火四九為金之謬。再次一至九立極。遊息之法。可按鄭玄注排演。又揚雄太玄經據卦氣立說。間有雜摭九宮。乃明辯其非是。後列蔡沈範數圖。雖王柏胡一桂議之。實涉及九宮。今一一訂正。而刪去八十一名。仍以易卦名。俾人易解。

今述九宮五行與易理有關者如上。至於九宮五行探原。另文以明之。見拙著九宮撰畧，（刊言月刊第五十三期五十四期）續九宮撰畧，（上海光華大學油印本）等。

編號	書名	作者	說明
占筮類			
1	擲地金聲搜精秘訣	心一堂編	沈氏研易樓藏稀見易占秘鈔本
2	卜易拆字秘傳百日通	心一堂編	
3	易占陽宅六十四卦秘斷	心一堂編	火珠林占陽宅風水秘鈔本
星命類			
4	斗數宣微	【民國】王裁珊	民初最重要斗數著述之一；未刪改本
5	斗數觀測錄	【民國】王裁珊	失傳民初斗數重要著作
6	《地星會源》《斗數綱要》合刊	心一堂編	失傳的第三種飛星斗數
7	《斗數秘鈔》《紫微斗數之捷徑》合刊	心一堂編	珍稀「紫微斗數」舊鈔秘本
8	斗數演例	心一堂編	
9	紫微斗數全書（清初刻原本）	題【宋】陳希夷	斗數全書本來面目；有別於錯誤極多的坊本
10-12	鐵板神數（清刻足本）——附秘鈔密碼表	題【宋】邵雍	無錯漏原版秘鈔密碼表　首次公開！
13-15	蠢子數纏度	題【宋】邵雍	蠢子數連密碼表　打破數百年秘傳　首次公開！
16-19	皇極數	題【宋】邵雍	清鈔孤本附起例及完整密碼表　研究神數必讀！
20-21	邵夫子先天神數	題【宋】邵雍	附手鈔密碼表　研究神數必讀！
22	八刻分經定數（密碼表）	題【宋】邵雍	皇極數另一版本；附手鈔密碼表
23	新命理探原	【民國】袁樹珊	子平命理必讀教科書！
24-25	袁氏命譜	【民國】袁樹珊	
26	韋氏命學講義	【民國】韋千里	民初二大命理家南袁北韋
27	千里命稿	【民國】韋千里	
28	精選命理約言	【民國】韋千里	北韋之命理經典
29	滴天髓闡微——附李雨田命理初學捷徑	【民國】袁樹珊、李雨田	命理經典未刪改足本
30	段氏白話命學綱要	【民國】段方	民初命理經典最淺白易懂
31	命理用神精華	【民國】王心田	學命理者之寶鏡

編號	書名	作者	說明
32	命學探驪集	【民國】張巢雲	發前人所未發　稀見民初子平命理著作
33	澹園命談	【民國】高澹園	
34	算命一讀通——鴻福齊天	【民國】不空居士、覺先居士合纂	
35	子平玄理	【民國】施惕君	
36	星命風水秘傳百日通	心一堂編	
37	命理大四字金前定	題【晉】鬼谷子王詡	源自元代算命術
38	命理斷語義理源深	心一堂編	稀見清代批命斷語及活套
39－40	文武星案	【明】陸位	失傳四百年《張果星宗》姊妹篇　千多星盤命例　研究命學必備
相術類			
41	新相人學講義	【民國】楊叔和	失傳民初白話文相術書
42	手相學淺說	【民國】黃龍	民初中西結合手相學經典
43	大清相法	心一堂編	重現失傳經典相書
44	相法易知	心一堂編	
45	相法秘傳百日通	心一堂編	
堪輿類			
46	靈城精義箋	【清】沈竹礽	
47	地理辨正抉要	【清】沈竹礽	
48	《玄空古義四種通釋》《地理疑義答問》合刊	沈瓞民	沈氏玄空遺珍　玄空風水必讀
49	《沈氏玄空吹虀室雜存》《玄空捷訣》合刊	【民國】申聽禪	
50	漢鏡齋堪輿小識	【民國】查國珍、沈瓞民	失傳已久的無常派玄空經典
51	堪輿一覽	【清】孫竹田	
52	章仲山挨星秘訣（修定版）	【清】章仲山	章仲山無常派玄空珍秘　門內秘本首次公開　沈竹礽等大師尋覓一生末得之珍本！
53	臨穴指南	【清】章仲山	
54	章仲山宅案附無常派玄空秘要	心一堂編	
55	地理辨正補	【清】朱小鶴	玄空六派蘇州派代表作
56	陽宅覺元氏新書	【清】元祝垚	簡易・有效・神驗之玄空陽宅法
57	地學鐵骨秘　附　吳師青藏命理大易數	【民國】吳師青	釋玄空廣東派地學之秘
58－61	四秘全書十二種（清刻原本）	【清】尹一勺	玄空湘楚派經典本來面目　有別於錯誤極多的坊本

編號	書名	作者	說明
62	地理辨正補註 附 元空秘旨 天元五歌 玄空精髓 心法秘訣等數種合刊	【民國】胡仲言	貫通易理、巒頭、三元、三合、天星、中醫
63	地理辨正自解	【清】李思白	公開玄空家「分率尺、工部尺、量天尺」之秘
64	許氏地理辨正釋義	【民國】許錦灝	民國易學名家黃元炳力薦
65	地理辨正天玉經內傳要訣圖解	【清】程懷榮	秘訣一語道破，圖文并茂
66	謝氏地理書	【民國】謝復	玄空體用兼備、深入淺出
67	論山水元運易理斷驗、三元氣運說附紫白訣等五種合刊	【宋】吳景鸞等	失傳古本《玄空秘旨》《紫白訣》
68	星卦奧義圖訣	【清】施安仁	三元玄空門內秘笈　清鈔孤本 過去均為必須守秘不能公開秘密 與今天流行飛星法不同
69	三元地學秘傳	【清】何文源	
70	三元玄空挨星四十八局圖說	心一堂編	
71	三元挨星秘訣仙傳	心一堂編	
72	三元地理正傳	心一堂編	
73	三元天心正運	心一堂編	
74	元空紫白陽宅秘旨	心一堂編	
75	玄空挨星秘圖 附 堪輿指迷	心一堂編	
76	姚氏地理辨正圖說 附 地理九星并挨星真訣全圖 秘傳河圖精義等數種合刊	【清】姚文田等	蓮池心法　玄空六法 門內秘鈔本首次公開
77	元空法鑑批點本——附 法鑑口授訣要、秘傳玄空三鑑奧義匯鈔 合刊	【清】曾懷玉等	
78	元空法鑑心法	【清】曾懷玉等	
79	曾懷玉增批蔣徒傳天玉經補註【新修訂版原（彩）色本】	【清】項木林、曾懷玉	
80	地理學新義	【民國】俞仁宇撰	揭開連城派風水之秘
81	地理辨正揭隱（足本） 附連城派秘鈔口訣	【民國】王邈達	
82	趙連城傳地理秘訣附雪庵和尚字字金	【明】趙連城	
83	趙連城秘傳楊公地理真訣	【明】趙連城	
84	地理法門全書	仗溪子、芝罘子	巒頭風水，內容簡核、深入淺出
85	地理方外別傳	【清】熙齋上人	巒頭形勢、「望氣」「鑑神」
86	地理輯要	【清】余鵬	集地理經典之精要
87	地理秘珍	【清】錫九氏	巒頭、三合天星，圖文並茂
88	《羅經舉要》附《附三合天機秘訣》	【清】賈長吉	清鈔孤本羅經、三合訣法圖解
89-90	嚴陵張九儀增釋地理琢玉斧巒	【清】張九儀	清初三合風水名家張九儀經典清刻原本！

編號	書名	作者	備註
91	地學形勢摘要	心一堂編	形家秘鈔珍本
92	《平洋地理入門》《巒頭圖解》合刊	【清】盧崇台	平洋水法、形家秘本
93	《鑒水極玄經》《秘授水法》合刊	【唐】司馬頭陀、【清】鮑湘襟	千古之秘，不可妄傳匪人
94	平洋地理闡秘	心一堂編	雲間三元平洋形法秘鈔珍本
95	地經圖說	【清】余九皋	形勢理氣、精繪圖文
96	司馬頭陀地鉗	【唐】司馬頭陀	流傳極稀《地鉗》
97	欽天監地理醒世切要辨論	【清】欽天監	公開清代皇室御用風水真本
三式類			
98-99	大六壬尋源二種	【清】張純照	六壬入門、占課指南
100	六壬教科六壬鑰	【民國】蔣問天	由淺入深，首尾悉備
101	壬課總訣	心一堂編	過去術家不外傳的珍稀六壬術秘鈔本
102	六壬秘斷	心一堂編	
103	大六壬類闡	心一堂編	
104	六壬秘笈——韋千里占卜講義	【民國】韋千里	六壬入門必備
105	壬學述古	【民國】曹仁麟	依法占之，「無不神驗」
106	奇門揭要	心一堂編	集「法奇門」、「術奇門」精要
107	奇門行軍要略	【清】劉文瀾	條理清晰、簡明易用
108	奇門大宗直旨	劉毗	天下孤本　首次公開 虛白廬藏本《秘藏遁甲天機》 奇門不傳之秘　應驗如神
109	奇門三奇干支神應	馮繼明	
110	奇門仙機	題【漢】張子房	
111	奇門心法秘纂	題【漢】韓信（淮陰侯）	
112	奇門廬中闡秘	題【三國】諸葛武侯註	
選擇類			
113-114	儀度六壬選日要訣	【清】張九儀	清初三合風水名家張九儀擇日秘傳
115	天元選擇辨正	【清】一園主人	釋蔣大鴻天元選擇法
其他類			
116	述卜筮星相學	【民國】袁樹珊	民初二大命理家南袁北韋
117-120	中國歷代卜人傳	【民國】袁樹珊	南袁之術數經典